La traición en la amistad

Lobo

León   Zorra

European Masterpieces
Cervantes & Co. Spanish Classics Nº 21

General Editor: TOM LATHROP

La traición en la amistad

María de Zayas y Sotomayor

Edited and with notes by

MICHAEL J. MCGRATH

Georgia Southern University

Cervantes & Co.

SECOND EDITION

Cover photo by Ann Sherman.

Copyright © 2007 by European Masterpieces
270 Indian Road
Newark, Delaware 19711
(302) 453-8695
Fax: (302) 453-8601
www.EuropeanMasterpieces.com

MANUFACTURED IN THE UNITED STATES OF AMERICA

ISBN 978-1-58977-047-8

Table of Contents

For my sons Matthew and Luke,
who have enriched my life
more than they will ever know

Introduction to Students

Purpose of This Edition

The purpose of this edition of *La traición en la amistad* is to make more accessible to non-native speakers of Spanish a play whose protagonist Teresa Scott Soufas describes as "troublesome" because she "consciously adopts problematical male behavior patterns in courtship relations [...] with promises of devotion but with little conviction."[1] María de Zayas y Sotomayor achieved notoriety during the seventeenth century as the author of twenty novellas that appeared in two volumes as *Novelas amorosas y ejemplares* (1637) and *Parte segunda del sarao y entretenimiento honesto* (1647), or *Desengaños amorosos*, the title by which it is known today. *La traición en la amistad* is Zayas' only known play. While it is believed that the play appeared in publication before 1632, most estimates place the year of composition between 1618-1620.

Professional Theater in the Golden Age

Female Playwrights

María de Zayas was one of thirteen, although the number is probably greater, female *comedia* writers who lived in Europe and Mexico during the sixteenth and seventeenth centuries. Their plays are a testament to their knowledge of the dramatic conventions of the male-dominated *comedia* tradition.[2] Perhaps the most significant literary contribution of female playwrights was the gendered perspective of their dramas. The influence of women such as María de Zayas, however, extended beyond the stage. Public performances of their plays validated the intellectual

---

[1] Teresa Scott Soufas, *Women's Acts: Plays by Women Dramatists of Spain's Golden Age* (Lexington: The University Press of Kentucky, 1997) xi.

[2] Soufas ix.

pursuits of educated women in a patriarchal society. Teresa Scott Soufas speaks to the noteworthy contributions of female *comedia* playwrights in her anthology of plays by Golden Age female playwrights titled *Women's Acts: Plays by Women Dramatists of Spain's Golden Age*:

> [They] contributed to an artistic dimension that was male-dominated and, because of its public and performative nature, transcended the enclosed domestic spaces where many educated and privileged women of the period tended to write private pages for personal consumption [...]. In an age when moralists still denounced women's public speech and activity, these women dramatists wrote and created performable and utterable works that, whether produced on stage or not, reveal each writer's familiarity with the theatrical conventions and literary/artistic practices of the period.[3]

Perhaps the best known female playwright of Spain's Golden Age was Ana Caro Mallén de Soto (1600-1653?). In addition to being a playwright, Caro was a poet who wrote poetry for public celebrations, such as the annual Corpus Christi festival. Rodrigo Caro describes her in his seventeenth-century collection of essays titled *Claros varones en letras, naturales de la ciudad de Sevilla* as an "insigne poetisa que ha hecho muchas comedias, representadas en Sevilla y Madrid y otras partes, con grandísimo aplauso, en las cuales casi siempre se le ha dado el primer premio."[4] Further evidence of Caro's success as a playwright is the inclusion of her play *El conde Partinuplés* in *Laurel de comedias*, a collection of plays that included *comedias* by several of Spain's most famous male playwrights, including Calderón de la Barca, Luis Vélez de Guevara, and Antonio Mira de Amescua.

Another female playwright who enjoyed success was the Portuguese Ángela de Azevedo. It is likely that she composed her plays while she served as a lady-in-waiting to Queen Isabel de Borbón, who was married

---

[3] Soufas ix.

[4] Soufas 133. The original source of the quotation is Cayetano Alberto de Barrera y Leirado's *Catálogo bibliográfico y biográfico del teatro antiguo español desde sus orígenes hasta mediados del siglo XVII*, 71.

to King Philip IV (1621-1665). Philip's patronage of the arts must have inspired Azevedo and contributed to her development as a *comedia* writer. Azevedo published three *comedias*: *El muerto disimulado*, which is a cloak-and-dagger play; the hagiographic drama *La margarita del Tajo que dió nombre a Santarem*; and *Dicha y desdicha del juego y devoción a la virgen*. *El muerto disimulado* follows closely dramatic conventions of Golden Age plays and two of its characters are a cross-dressing woman and a cross-dressing man. Both *La margarita del Tajo* and *Dicha y desdicha* take place in Portugal and reflect Azevedo's knowledge of her native country.

María de Zayas, Ana Caro, and Ángela de Azevedo, as well as the other female playwrights, including Leonor de la Cueva y Silva, Bernarda Ferreira de Lacerda, Beatriz de Sousa e Melo, and Isabel Rebeca Correa, depict male characters that are unable to fulfill the patriarchal behavior ascribed to them by society.[5] Female playwrights subvert their male colleagues' subjugation of female characters, and by doing so, illustrate the consequences that occur when gendered behavior is inverted.

Playhouses[6]
Playhouses were the primary venue for the performances of plays during the sixteenth and seventeenth centuries. There is considerable uniformity of design among the various Golden Age *corrales* or *patios de comedias* (playhouses). The playhouses were initially square or rectangular courtyards surrounded on three sides by adjacent buildings. A fourth facade, which was constructed or adapted from structures already in place on the theater property, served as the entrance from the street. A stage was introduced on the opposite end of the yard, and a refreshment booth was often added next to the entrance. Lateral *gradas*, or stands, which stood on the sides and extended to the stage platform, had benches for the spectators. Some playhouses, such as the one in Tudela,

---

[5] Soufas ix.

[6] Readers of *El mágico prodigioso*, the other edition I prepared for the Cervantes & Co. series, will recognize this description of the physical disposition of playhouses and the subsequent section about acting companies. I am hopeful that readers who are not familiar with professional drama will find this information useful.

provided benches in the middle of the yard, the location from which the standing spectators viewed the performances in larger playhouses.

Women were excluded from the yard and the lateral stands. Unaccompanied women sat in an area called the *cazuela*, set apart for them and located on the second level above the yard and opposite the stage; accompanied women sat in the lateral spectators' boxes, which were on the second and third levels. Grilled windows that protruded into the playhouse from the adjacent buildings separated the spectators seated in the second-level boxes from the people seated in the stands. Above these boxes, in Madrid, were balconies, and above them were the *desvanes*, another row of boxes, but smaller and cheaper than the second and third-level boxes. Instead of balconies and *desvanes*, other playhouses outside of Madrid, such as the Montería in Seville, used the uppermost level as galleries to accommodate large gatherings.

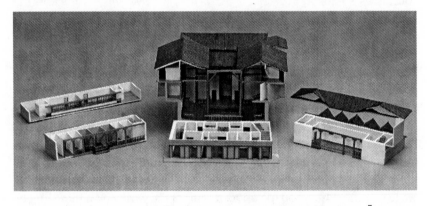

John Jay Allen's Model of the Corral del Príncipe Playhouse[7]

The stages had a roof, but, with few exceptions, such as the Montería and the hospital yard playhouse in Toro, the yards were unroofed until the eighteenth century. The male actors' tiring room, beneath the stage, was accessible to the actors by a private staircase. This location, common to the playhouses in Madrid, Alcalá de Henares, and Almagro, was not

---

[7] I am grateful to John Jay Allen for granting me permission to publish this photograph of his model.

shared by the playhouses within hospital yards. The tiring rooms in the hospital yards of Toro and Guadalajara, for example, were located in a separate, pre-existing structure. The actresses dressed behind a curtain at the back of the stage; this same area also served as discovery space.

Acting Companies

There were two categories of acting companies during the Golden Age. *Compañías de la legua* were not officially licensed nor obligated to adhere to specified regulations, but performed sketches and musical numbers throughout Spain in small cities, although not in the playhouses. This category of company was prevalent before the commercialization of drama. Actors who belonged to *compañías de la legua* did not earn a fixed salary. After each performance, the company deposited the earnings in a box and divided the money among the actors upon completion of the contract.

Compañías de título were officially licensed and followed specific regulations established by the Royal Council. This category of company, whose actors received a fixed salary and signed contracts on a yearly basis, did not receive its license until the Council approved its members. As many as 20 actors and actresses comprised this type of company between the years 1610 and 1614. Besides actors and actresses, the company also employed a keeper of the wardrobe, a prompter, and a person in charge of collecting money and paying the actors. The actors and actresses who belonged to *compañías de título* signed contracts with the *autor de comedias*, or actor-manager, who was the entrepreneur and director of the *comedia*. The actor-manager had an important part in the creative process of a play because he modified the content to adhere to censorship regulations and to the talents of the company. The Royal Council approved the designation of *autor* and performed a review every two years.

Honor in Golden Age Drama

In *Arte nuevo de hacer comedias* (1609), Lope de Vega (1562-1635) explains why the theme of *honra* (honor) is so important to the commercial success of a play:

> Los casos de la honra son mejores
> porque mueven con fuerza a toda gente,

> con ellos las acciones virtuosas,
> que la virtud es dondequiera amada;
> pues que vemos, si acaso un recitante
> hace un traidor, es tan odioso a todos
> que lo va a comprar no se lo venden,
> y huye el vulgo de él cuando le encuentra;
> y si es leal, le prestan y convidan,
> y hasta los principales le honran y aman,
> le buscan, le regalan y le aclaman.[8]

According to the *Diccionario de Autoridades* (1726-1739), which is the first edition of the official dictionary published by the Real Academia de la Lengua Española (Royal Academy of the Spanish Language), honor is "pudonor, estimación y buena fama, que se halla en el sujeto y se debe conservar." When a character is the victim of an action that results in a loss of honor, the character seeks to recover his or her honor at any cost. While the victim is usually a female character who surrenders her chastity to a male character after he promises to marry her, male characters, which depend upon female characters to uphold family honor, are also vulnerable. In Calderón de la Barca's *El médico de la honra* (1637), for example, a husband murders his wife when he mistakenly believes she is guilty of adultery. The plot of Lope de Vega's *Fuenteovejuna* (1613) illustrates the importance of honor to male and female characters alike. The peasants who live in the village of Fuenteovejuna unite to kill the nobleman who for years treats them no better than the animals he hunts in the forests near their village. Neither the husband in *El médico de su honra* nor the peasants in *Fuenteovejuna* are punished for their actions.

In *La traición en la amistad*, María de Zayas subverts the traditional role of the female character who acts as the guardian of her husband's or her family's honor. The female characters control the direction of the plot and, unlike the *comedias* by Zayas' male counterparts, they do not assume a passive role in deference to the behavior of the male characters:

---

[8] Lope de Vega, *Arte nuevo de hacer comedias*, ed. Enrique García Santo-Tomás (Madrid: Cátedra, 2006) 149.

In this play it is the female characters who more actively manipulate the situations depicted and who finally arrange or ratify the marriages with which the play ends, a dramatization that suggests alternatives to the male-dominated marriage market that so many *comedias* promote.[9]

In Fenisa's quest to seduce as many men as possible, she assumes a role that society only ascribes to men. Marcia is a strong-willed woman who, unlike Fenisa, respects the importance of honor between friends. When Laura, whom Marcia has never met, informs Marcia of Liseo's betrayal, Marcia renounces her love of Liseo and vows to help Laura recover her honor. In a society in which there exists an inversion of the traditional male and female roles, María de Zayas presents a new perspective on the role of honor. In the end, however, Zayas, like her male counterparts, rewards the characters that adhere to the strict code of honor and punishes the character that does not.

The Life of María de Zayas y Sotomayor
Many of the details of María de Zayas y Sotomayor's life are unknown. She was born in 1590 to a noble family. Her father, Don Fernando de Zayas y Sotomayor, was an infantry captain who received appointment to the prestigious Order of Santiago, a military order that originated in the Middle Ages when monks banded together to defend their monasteries from attacks by the Moors. As a member of the Order of Santiago, it is likely that he and his family accompanied the royal court of Philip III (1598-1621) to Valladolid when the monarch moved it there in 1601. Five years later, however, the court moved back to Madrid. Fernando de Zayas then entered the service of the seventh count of Lemos, Don Pedro Fernández de Castro (1576-1622), whom Fernando de Zayas served in Naples until 1616.

María de Zayas and her family returned to Madrid in 1617. During the next twenty years she achieved notoriety when her poetry appeared in literary contests and in print. Her first publication was a laudatory

---

[9] Teresa Scott Soufas, *Dramas of Distinction: A Study of Plays by Golden Age Women* (Lexington: The University Press of Kentucky, 1996) 141.

poem dedicated to Miguel Botello that appeared in Botello's *La fábula de Píramo y Tisbé* (1621). Zayas became well known throughout Spain after the publication of *Novelas amorosas y ejemplares* in 1637 and *Parte segunda del sarao y entretenimiento honesto*, known today as the *Desengaños amorosos*, in 1647. In fact, only books by Miguel de Cervantes (1547-1616), Francisco de Quevedo (1580-1645), and Mateo Alemán (1547-1614?) outsold Zayas' two collections of novellas.[10] The first editions of the novellas appeared in Zaragosa, leading some scholars to speculate that Zayas was in this city during this time. In addition, she may have spent some time in Barcelona during Catalonia's war for independence, 1640-1652. Records from Zayas' church parish in Madrid suggest that she died in 1661.[11]

Plot Summary

Act I

Marcia informs her friend Fenisa that she, Marcia, has become enamored with Liseo, whom she describes as more charming than Narcissus. Marcia's love for Liseo is so strong that she does not want to live without him and is willing to place in jeopardy her honor in order to be with Liseo. When Marcia shows Fenisa a picture of Liseo, Fenisa reveals in a series of asides, that only the spectators would hear, her amorous feelings for Liseo. When Fenisa inquires about Liseo to Don Juan, who believes that Fenisa loves him, Don Juan discovers her true feelings and curses her. Liseo speaks about his love for Marcia, whose beauty he compares to Venus'. Liseo's servant León, however, counters his master's serious tone with comical yet misogynistic observations about women and love in general. Gerardo laments that Marcia does not love him as he loves her. Laura, who trusted Liseo with her honor only to discover that Liseo is not committed to her, expresses her love for Liseo in a highly emotional soliloquy that concludes Act I.

Act II

Laura informs Marcia and Belisa, who is Marcia's cousin, about her

---

[10] María de Zayas y Sotomayor, *Novelas amorosas y ejemplares*, ed. Agustín G. Amezúa. Vol. 7 (Madrid: Aldus, 1948) xxxi.

[11] Bárbara López-Mayhew, ed., *La traición en la amistad*, by María de Zayas y Sotomayor (Newark, DE: Juan de la Cuesta Hispanic Monographs, 2003) 12.

relationship with Liseo. Marcia is sympathetic to Laura's situation and, even though she has feelings for Liseo, tells Laura that she will not pursue him. Belisa becomes infuriated when Don Juan, with whom Belisa has had a relationship, inquires about Fenisa. Don Juan, however, convinces Belisa that he is still worthy of her love. Liseo reveals to León that he plans to seduce Fenisa, even though he hopes to marry Marcia. Fenisa attempts to seduce Gerardo by telling him that Marcia wants to marry Liseo. Upon discovering Liseo's deceitful behavior, Marcia declares her love for Gerardo. Don Juan describes his confrontation with Fenisa, whose servant Lucía invited him to meet Fenisa in a park. When Don Juan arrived, however, he noticed that Fenisa was with another male character, Lauro, and that Liseo was nearby as well. Don Juan declares eternal love for Belisa.

Act III
Laura faints after Felis informs her that Liseo married Fenisa. Belisa, however, tells Laura that Felis is mistaken, and Laura is hopeful once again. Marcia and Gerardo declare their love for one another and vow to help Laura. Liseo reaffirms his commitment to marrying Marcia in a lengthy monologue in which he expresses his disdain for Fenisa's behavior and laments his betrayal of Laura. Fenisa realizes that none of the men she pursued desire her any longer. Lucía admonishes Fenisa for not loving any of them, but Fenisa declares that she genuinely loves all of them. Lauro, yet another man whom Fenisa desires, informs her that he no longer wishes to be with her either. Marcia and Laura appear on Marcia's balcony and speak with Liseo, who believes that Marcia is Belisa and that Laura is Marcia. "Belisa" convinces Liseo to sign a letter in which he promises to be "Marcia's" husband. The play concludes with all of the characters on stage and order is restored.

La traición en la amistad
Main Characters
Fenisa
Described as a *mujer varonil*,[12] Fenisa aspires to seduce as many men as

---

[12] Valerie Hegstrom, ed. and Catherine Larson, trans., *La traición en la*

possible. She states more than once that her heart is capable of loving more than one man at a time. While her affinity (obsession?) for the opposite sex may be reminiscent of Don Juan Tenorio, who is playwright Tirso de Molina's (1571?-1648) protagonist of *El burlador de Sevilla* (1630), she, unlike Don Juan Tenorio, does not deceive the opposite sex with false promises and appears to have genuine feelings for the men she tries to seduce. Similar to Don Juan, however, Fenisa betrays friendships and displays a complete lack of respect for societal norms. When Fenisa's friend Marcia shows Fenisa a picture of her new love interest, Liseo, Fenisa decides that she must pursue him as well. In addition, she tries to seduce Gerardo, who is in love with Marcia, and Don Juan, who is Belisa's (Marcia's cousin) lover.

Lucía

Lucía represents the voice of reason in contrast to Fenisa's irrational behavior. Unlike other servants whose behavior parodies their master's and provides comic relief, Lucía's exhibits throughout the play a refined demeanor. Fenisa's responses to Lucía's questions and comments provide insight into Fenisa's character.[13] Lucía, like Don Juan's servant Catalinón in *El burlador de Sevilla*, acts as Fenisa's conscience, making comments that reflect her disapproval of Fenisa's lies and deceit.

Marcia

Marcia informs Fenisa at the beginning of the play she is willing to pursue Liseo and risk social dishonor. Later in the play, however, Marcia reveals the true nature of her character. When Marcia learns that Liseo dishonored Laura, Marcia decides not to pursue Liseo any further in order to help Laura get back together with Liseo. Marcia's loyalty to her friendship with Laura is diametrically in opposition to Fenisa's betrayal of her friends.

---

amistad, by María de Zayas y Sotomayor (Lewisburg, PA: Buckness University Press, 1999) 16.

[13] López-Mayhew 35.

Belisa

Belisa is Marcia's cousin. She helps Marcia and Laura in their plan to deceive Liseo and recover Laura's honor. Another reason she is an accomplice to Marcia and Laura is her desire to seek vengeance upon Fenisa, for whom Don Juan, Belisa's love interest, had feelings. Belisa is a multidimensional character whose feelings for Don Juan are dictated by her intellect and her emotions.[14]

Laura

Laura is innocent and trusting. She believed Liseo's promises, and, consequently, fell victim to his deception. Like many female characters of Spanish Golden Age drama who have lost their honor, she is driven by her desire to recover it. In an emotionally-charged scene at the beginning of the second act, Laura informs Marcia and Belisa of Liseo's deception and vows to seek revenge.

Liseo

Liseo is the male character whose treatment of women is most reminiscent of Don Juan Tenorio's egotistical and self-serving behavior. Liseo abandons Laura in order to pursue Marcia. In addition, he uses deception and lies to try to seduce Fenisa in order to satisfy his own desires. It is Liseo, however, who becomes the victim of deception. Marcia and Laura, who speak to Liseo from Marcia's balcony, trick Liseo into signing a letter by which he promises to marry Laura.

León

León is one of the more complex *gracioso* characters of Golden Age drama.[15] He incurs his master Liseo's anger, as well as the ire of other characters, with his irreverent comments and crude stories, several of which are directed to the spectators in asides. In addition, León's comments, while humorous in nature, also reflect Zayas' critique of court behavior.[16]

---

[14] López-Mayhew 32.

[15] Hegstrom and Larson 17.

[16] Hegstrom and Larson 17.

Versification

Golden Age dramatists wrote plays in verse form. For this reason, Lope de Vega (1562-1635), Calderón de la Barca (1600-1681), Tirso de Molina (1583-1648), and María de Zayas (1590-1661?), among the many other playwrights from this period, are also called *poets*. Lope de Vega recommended in *Arte nuevo de hacer comedias* (1609) that playwrights utilize a variety of verse forms and that each verse form serve a dramatic purpose. For example, sonnets are best suited for soliloquies, and ballads, or *romances*, for exposition. What follows is a synopsis of the different verse forms that appear in *La traición en la amistad*.

Primera Jornada

Romance: Series of octosyllabic verses with assonant rhyme (rhymed vowel sounds). There is no fixed number of verses. In addition to general expository discourse, the *romance* is used for narratives that are heroic, traditional or legendary. It is the most popular form of Spanish meter.

Redondillas: Used for lively, animated conversation, the *redondilla* is a stanza of four octosyllabic verses with consonant rhyme. The pattern of rhyme is *abba, cddc,* etc. It is the second most characteristic form of Spanish meter.

Sueltos: Blank verse (there is no rhyme) that consists of eleven syllables and are used by characters of high rank in emotional narrations and descriptions.

Soneto: Two quatrains (*ABBA, ABBA*) and two tercets (*CDC, DCD*) of eleven-syllable lines. It is used for monologues and to express feelings of love.

Segunda Jornada
Soneto
Redondillas
Romance

Silvas: Indefinite number of seven- and eleven-syllable verses that usually alternate and have a variety of rhyme schmees. The rhyme is consonant. *Silvas* are used for monologues recited by characters of high rank who express strong emotions.

Quintillas: Used to express deep emotions, quintillas are stanzas of five octosyllabic verses with consonant rhyme in different patterns: 1. ababa; 2. abbab; 3. abaab; 4. aabab and 5. aabba.

Tercetos: A series of stanzas that consist of three lines of eleven-syllable that rhyme *ABA, BCB, CDC.* They are used in monologues, for emotional dialogue, and to express information of a serious nature.

Sueltos

Tercera Jornada

Décimas: Ten octosyllabic verses divided into two groups and with the following rhyme: *abbaa-ccddc.* This type of strophe is used for complaints.

Sueltos

Silvas

Redondillas

Romance

Soneto

Quintillas: Five lines of octosyllabic verse. Any combination of rhyme *ababa* is possible so long as there are not two lines of the same rhyme in succession. They are used to express intense emotions.

Grammatical Notes

While sixteenth- and seventeenth-century orthographical and grammatical rules are significantly different from the rules of twenty-first century Spanish, contemporary readers are able to decipher many words and phrases due to their close resemblance to modern Spanish. Examples of archaic Spanish are noted in the text either in the margins or in the footnotes, and include the following:

Contraction: The preposition *de* contracted with pronouns. *della* = *de ella* (II)

Assimilation: The *–r* of the infinitive is assimilated to the *–l* of one of the following pronouns: *lo, los, la, las, le,* and *les. heredalle* = *heredarle* (II)

Enclitic: The placement of a pronoun on the end of a conjugated verb. *Vase* = *Se va* (I)

Future Subjunctive: The future subjunctive no longer exists, replaced by the present subjunctive for referece to the future. The conjugation of the future subjunctive was similar to the ending of the past subjunctive, except for the last letter, which was an *–e* instead of an *–a*. *reconociere* = *reconociera* (I)

Haber de + *infinitive:* The construction *haber de* precedes the infinitive forms of verbs and has different meanings when translated into English. This construction is commonly used to express a future action. *he de apurar* = *I shall investigate* (I)

The accentuation and punctuation in this edition appear in their modern forms, as does the spelling, in order to make the text more accessible to student readers. Examples of the types of changes I made to the original text include the following : tanpoco = tampoco; mereze = merece; subjeto = sujeto; silencio = silençio; ymaginas = imaginas; muger = mujer; fuerca = fuerza; and comigo = conmigo.

Sources

The text of this edition of *La traición en la amistad* is based upon Bárbara López-Mayhew's reading of María de Zayas' manuscript (Newark, DE: Juan de la Cuesta, 2003). I have noted information not found in López-Mayhew's text by placing it within brackets and indicate in the footnotes spelling changes that López-Mayhew made to the manuscript. I am grateful to Bárbara López-Mayhew for granting me permission to use her text.

Valerie Hegstrom and Catherine Larson's bilingual edition of the play (edition and notes by Hegstrom and Larson, and translation by Larson; Lewisburg, PA: Bucknell University Press 1999) helped to resolve doubts I had about translations that appear in the margins and in the footnotes. López-Mayhew's and Hegstrom and Larson's editions also provided valuable guidance to the explanation of obscure references. In addition, I also consulted the *Diccionario de Autoridades*, Tom Lathrop's *Don Quijote Dictionary* (Newark, DE: Juan de la Cuesta, 1999), and the *Vox Spanish-English Dictionary* to resolve lexical doubts. I consulted Edith Hamilton's classic *Mythology* (Boston: Little, Brown, and Company, 1964) to explain Zayas' references to mythology.

This edition of *La traición en la amistad* contains numerous marginal glosses, footnotes that explain vocabulary, grammar, and obscure references, and a glossary of the vocabulary that appears in the margins and in the footnotes. It is not divided by scenes, as scene divisions of plays performed in the public theatre of the seventeenth century were unknown. The action of plays performed in public theatre flowed naturally from one scene to the next.[17]

Selected Bibliography

Hegstrom, Valerie. "The Fallacy of False Dichotomy in María de Zayas' *La traición en la amistad.*" *Bulletin of the Comediantes* 46.1 (1994): 59-70.

Paun de García, Susan. *"Traición en la amistad de* María de Zayas." *Anales de Literatura Española* 6 (1988): 377-90.

Rodríguez-Garrido, José A. "El ingenio en la mujer: *La traición en la amistad* de María de Zayas entre Lope de Vega y Huarte de San Juan." *Bulletin of the Comediantes* 49.2 (1997): 357-73.

Scott Soufas, Teresa. *Dramas of Distinction: Plays by Golden Age Women.* Lexington, KY: University of Kentucky Press, 1997.

———. *Women's Acts: Plays by Women Dramatists of Spain's Golden Age.* Lexington: The University Press of Kentucky, 1997.

Stroud, Matthew D. "Love, Friendship, and Deceit in *La traición en la amistad,* by María de Zayas." *Neophilologus* 69.4 (1985): 539-47.

Zayas y Sotomayor, María de. *La traición en la amistad/Friendship Betrayed.* Edited and notes by Valerie Hegstrom . Translated by Catherine Larson. Lewisburg, PA: Bucknell University Press, 1999.

———. *La traición en la amistad.* Edited by Bárbara López Mayhew. Newark, DE: Juan de la Cuesta, 2003.

---

[17] N.D. Shergold, *A History of the Spanish Stage* (Oxford: Oxford University Press, 1967) xxv.

Comedia famosa de la traiçion
en la amis tad

Los que fa Blan en ella

r Marçia   r Liseo
r fenissa   r gerardo
r Belisa   r Donjuan
r Laura   r Sauro
r felis   León
                   r Antonio y fabio

Jornada Primera

Salen marçia y fenisa

Marçia — Vi como digo a Liseo.
           el es pa so el otro dia.
           Con mai galagui narçisso
           mas bella y gallardia
           Puso los oxos en mi
           y en ellos mis mos me ynbia
           Aquelle niño que dissen
           quise beber por la vista
           fueron los mios las puertas.
           pues con no talle ossadia
           se entro por ellos a l alma
           sin rre sp etar a sus niñas

Comedia famosa de
La traición en la amistad

Los que hablan en ella

MARCIA[1]	LISEO
FENISA	GERARDO
BELISA	DON JUAN
LAURA	LAURO
FELIS	LEÓN
[LUCÍA][2]	ANTONIO Y FABIO

Jornada Primera[3]

Salen Marcia *y* Fenisa

MARCIA   Vi, como digo, a Liseo
             en el Prado[4] el otro día,
             con más gala° que Narciso,[5]   charm
             más belleza° y gallardía.°   beauty, elegance

---

[1] The *ceceo* pronunciation evolved from the medieval "ç", the sound of which was *ts*. In Zayas' manuscript, Marcia appears as Marçia.

[2] **Lucía** Even though Lucía figures prominently in the play, she is not listed as one of the characters Zayas' manuscript (Hegstrom 36).

[3] **Jornada Primera** *Act I*

[4] The *Diccionario de Autoridades*, which was the first dictionary (1726-1739) published by the Royal Academy of the Spanish Language, defines *prado* as "el sitio ameno adornado de árboles, que suele estar cerca de las Ciudades, y sirve de diversion y passeo." In seventeenth-century Madrid, the *prado* was a popular place for strolling.

[5] **Narciso** *Narcissus*. Handsome young man who fell in love with his own reflection, and not being able to find consolation, he died of sorrow, believing that only death would heal his pain.

Puso los ojos en mí
y en ellos mismos me envía
aquel veneno° que dicen   poison
que se bebe por la vista.
5   Fueron los míos las puertas,
pues con notable osadía°   daring
se entró por ellos al alma
sin respetar a sus niñas.
Siguióme y supo mi casa,
10   y por la nobleza mía
apareció el 'ciego lazo°   blind bond
que sólo la muerte quita,
solicitóme amoroso,
hizo de sus ojos cifras
15   de las finezas del alma,[6]
ya por mil partes perdida.
Yo, Fenisa, enamorada
tanto como agradecida,
estimo° las de Liseo   value
20   'más de lo justo.°   more than I should

FENISA   Me admira,
Marcia, de tu condición. °   emotional state

MARCIA   No te admires, sino mira,
Fenisa, que amor es dios,
25   cuya grandeza ofendida
con mi libre voluntad
desta° suerte me castiga.   = de esta
Ya hizo el alma su empleo,
ya es imposible[7] que viva
30   sin Liseo, que Liseo
es prenda° que el alma estima;   prize
y mientras mi padre asiste,

---

[6] **hizo...** *he made of his eyes a compendium of the thousand gifts of his soul.*
[7] Zayas' manuscript, **ynpusible** (López-Mayhew 50).

	como ves en Lombardía,[8]	
	en esta guerra de amor	
	he de emplearme atrevida.°	fearlessly
	Si tú pretendes° que crea	try
5	que eres verdadera° amiga,	true
	no me aconsejes que deje	
	esta empresa[9] a que me obliga	
	no la razón, sino amor.	
FENISA	¡Mal dices, siendo mi amiga,	
10	poner duda en mi amistad!°	friendship
	Mas° si a lo cierto te animas,	but
	justo será, Marcia amada,	
	que temas y no permitas	
	arrojar° al mar de amor	to throw
15	tu mal regida° barquilla.°	controlled, little boat
	Considera que te pierdes	
	y a las peñas° que te obligas	large rocks
	en mar de tantas borrascas,°	storms
	confusiones y desdichas. °	misfortunes
20	¿Qué piensas sacar de amar	
	en tiempo que no se mira	
	ni belleza ni virtudes?	
	'Sólo la hacienda se estima.°	only wealth is
MARCIA	Nadie[10] puede, sin amor,	esteemed
25	vivir.	
FENISA	Confieso; mas mira,	
	bella Marcia, que te enredas°	you are becoming

---

[8] Marcia's father is in Lombardy, which is in northern Italy. Lombardy's administrative center is Milan, and it is the most populous region in Italy. Spain ruled Lombardy from 1535 to 1713. Marcia is able to pursue Liseo and risk dishonor because her father is not present to oversee her behavior. It is unusual for a father not to be one of the characters in a *comedia*; the mother, however, is almost never a character.

[9] Zayas' manuscript, **ynpresa** (López-Mayhew 51).

[10] Zayas' manuscript, **nayde** (López-Mayhew 51).

	sin saber por dó° caminas.	involved; = **dónde**
	El laberinto de Creta,[11]	
	la casa° siempre maldita	castle
	del malicioso° Atalante,[12]	malicious
5	el jardín de Falerina[13]	
	no tienen más confusión.	
	¡Lástima tengo a tu vida!	
MARCIA	¡Espantada° estoy de verte	frightened
	Fenisa, tan convertida!	
10	¿Haste° confesado,° acaso?	= **te has**, confessed
	Ya me cansa tu porfía.°	obstinancy
	¿No aman las aves?°	birds
FENISA	Sí, aman.	
	Y no espante que diga	
15	lo que escuchas; pues amor	
	esta ciencia[14] me practica.	
	Ya sé que la dura tierra	
	tiene amor, y que se crían	
	con amor todos sus frutos;	
20	pues sabe amar aunque es fría.	
MARCIA	Pues, ¿por qué ha de ser milagro	
	que yo ame, si me obliga	
	toda la gala° que he visto?	elegance
	Y para que no prosigas,°	continue
25	verás en 'aqueste naipe°	this portrait
	un hombre donde se cifran°	personifies

---

[11] **laberinto...** *Crete's Labyrinth.* King Minos of Crete ordered that the Labyrinth be built to imprison his wife's son, who was a Minotaur—a man-eating monster that was half man and half bull.

[12] Atlante is the heroine of Ludovico Ariosto's sixteenth-century epic poem *Orlando Furioso.* Her castle is labyrinthine.

[13] Falerina was the daughter of Merlin, who taught her magic. Calderón de la Barca (1600-1681) is the author of a play titled *El jardín de Falerina* (1648).

[14] Fenisa is a practitioner of the science of love.

	todas las gracias del mundo;	
	él responda a tu porfía.	
FENISA	(*Ap.*[15] ¡Ay de mí!)	
MARCIA	¿Ya te suspendes?°	why do you become so
5	Dime, a[h]ora por tu vida,	quiet?
	¿qué pierdo en ser de unos ojos,	
	cuyas agradables° niñas°	beautiful, pupils
	tienen cautivas° más almas°	prisoner; souls
	que tiene arenas° la Libia,[16]	sand
10	estrellas el claro cielo,	
	rayos el sol, perlas finas	
	las margaritas° preciosas,	pearls
	plata las fecundas° minas,	richest
	oro Arabia?	
15 FENISA	(*Ap.* ¡Ay, Dios! ¿Qué he visto?	
	¿Qué miras, alma, qué miras?	
	¿Qué amor es éste? ¡Oh, qué hechizo!°	magic spell
	Tente,° loca fantasía.	stop
	¡Qué máquina, qué ilusión!°	is this an evil plot or a
20	Marcia y yo somos amigas;	dream?
	fuerza es morir.° ¡Ay, amor!	better off dead
	¿Por qué pides que te siga?	
	¡Ay, ojos de hechizos llenos!)	
MARCIA	Suspensa° estás. ¿Qué imaginas?	quiet
25	Fenisa, ¿no me respondes?	
	¿no hablas?	
FENISA	¿Llamas, amiga?	
MARCIA	¿No estoy muy bien empleada?[17]	

---

[15] **Ap. = Aparte** *Aside.* An aside is a dramatic technique in which a character steps out of role and addresses the audience, but the other characters on stage supposedly do not hear. Another type of aside involves characters who speak to each other without the knowledge of the other characters on stage.

[16] Libya is a part of the Sahara desert.

[17] **¿No estoy…***Did I not choose well?* López-Mayhew (p. 53) reads this line

FENISA   (*Ap.* Yo le vi por mi desdicha;
pues he visto con mirarle
el fin de mi triste vida.)
Digo, Marcia, que es galán;°   handsome

5   mas cuando pensé que habías
hecho a Gerardo tu dueño,°   master
olvidas lo que te estima.
¿No estimas lo que te adora,
siendo obligación?

10 MARCIA   No digas
que a nadie estoy obligada,
sino a mi gusto.°   pleasure

FENISA.   (*Ap.* Perdida
estoy por Liseo. ¡Ay, Dios!

15   Fuerza será que le diga
mal dél,° 'porque le aborrezca.°)   = **de él**, so that she hates
¿Cuidado° de tantos días   him, don't you realize
como el del galán Gerardo
por el que hoy empieza, olvidas?

20   'Demás de aqueste,° puede,   besides
fingiendo° amor, cortesía,°   feigning, courtesy
'estimación y finezas,°   esteem and charm
burlarte.° Y es más justicia   play tricks on him
estimar a quien te quiere

25   más que a quien quieres.

MARCIA   ¡Que digas
razones tan enfadosas!°   distressful
Alguna cosa te obliga
a darme, Fenisa, enojos.[18]

30 FENISA   ¿Qué pensamientos te animan?
                  No te enojes.

MARCIA   ¿Cómo pides
que no me enoje, si quitas

---

as a statement.
    [18] Zayas' manuscript, **enogos** (López-Mayhew 54).

	a mis deseos las alas,°	wings
	a mi amor la valentía,°	bravery
	a mis ojos lo que adoran,	
	y a mi alma su alegría?	

5   ¿Quiéresle° acaso?   = le quieres

FENISA   ¿Yo, Marcia?

No está mala la malicia.°   malice

MARCIA   No es malicia sino celos.°   jealousy

FENISA   ¿Por qué el retrato me quitas?

10   MARCIA   Muestra que tú de Liseo

'valor ni parte no estimas,°   do not value any part

y si le estimas procuras°   try

que yo le aborrezca.

FENISA   Amiga,

15   Marcia, escucha; no te vayas.

¡Aguarda,° por vida mía!   wait

¡Oye, por tu vida! ¡Escucha!

MARCIA   'Muy enojada me envías.°   you make me very

Quien dice mal de Liseo,   angry

20   pierda de Marcia la vista. *(Vase.)*

FENISA   Pierda la vista de Marcia

quien piensa ganar la vista

de la gala de Liseo.

¿Hay más notable° desdicha?°   greater, misfortune

25   greater, misfortune

¿Soy amiga? Sí. Pués,[19] ¿cómo

pretendo contra mi amiga

tan alevosa° traición?   treacherous

¡Amor, de en medio te quita!

30   ¡Jesús! El alma 'te abrasa.°   burns for you (Love)

¿Dónde, voluntad,° caminas,   will

contra Marcia, tras Liseo?

¿No miras que vas perdida?

El amor y la amistad,

---

[19] Zayas' manuscript, **Pués** (López-Mayhew 55)

	'furiosos golpes se tiran;°	exchange angry blows
	cayó la amistad[20] en tierra	
	y amor victoria apellida.°	proclaims
	Téngala yo, ciego Dios,°	Cupid
5	en tan dudosa conquista.	

Sale Don Juan

Don Juan	Marcia me dijo, Fenisa,	
10	que estabas aquí, y así	
	a ver tus ojos subí.	
Fenisa	Siempre el corazón avisa°	warns
	el bien y el mal; y así a mí	
	el corazón me decía,	
15	mi don Juan, con su alegría	
	que tú llegabas aquí.	
Don Juan	Bien mi voluntad merece	
	tu favor, Fenisa mía;	
	mas el alma desconfía,°	distrusts
20	con que 'mil penas padece.°	suffers a thousand
Fenisa	(*Ap.* Aunque a don Juan digo amores,	sorrows
	el alma en Liseo está,	
	que en ella posada° habrá	lodging
	para un millón de amadores.°	lovers
25	Mas quiérole° preguntar,	= le quiero
	quién es éste por quien muero	
	nuevamente.)	
Don Juan	Pues no quiero	
	verte así contigo hablar,	
30	si no es que a ti te enamoras,	
	porque yo no te merezco.°	deserve
Fenisa	¿Celos, don Juan?	
Don Juan	Yo padezco,°	suffer
	y tú mi dolor ignoras.	

[20] Zayas' manuscript, **el amistad** (López-Mayhew 56).

		Maldiciones° de Fenisa	curses
		son éstas; tú pagas mal	
		mi amor.	
FENISA		¿Y tú, desleal,°	unloyal
5		eso dices a Fenisa,	
		a quien por quererte ha sido	
		una piedra helada y fría?	
DON JUAN		Con los hombres una arpía,[21]	
		un desamor,° un olvido,°	indifference,
10		dirás, Fenisa, mejor.	forgetfulness
		Ya sé tus tretas,° sirena,[22]	tricks
		que ya en tu engaño y mi pena	
		'hace sus suertes amor.°	love plays its own tricks
		Y eres…	
15	FENISA	¡Basta! No haya, no más,	
		que estás en quejarte extraño.	
		(*Ap.* Desta° manera le engaño.	= de esta
		¡Ay, Liseo! ¿Dónde estás?)	
		(*A* don Juan.) Que yo te diré en qué estaba,	
20		como viste, divertida.	
DON JUAN		¡Dílo presto,° por tu vida,	quickly
		que la mía se me acaba!	
FENISA		¿Tú muerto? ¡Mil años vivas!	
		Di, ¿conoces a un galán°	handsome young man
25		en quien cifradas están	
		las pretenciones altivas	
		de las damas desta corte?[23]	

---

[21] **arpía** *harpy*. Harpies were bird-like monsters with hooked beaks and sharp claws whose stench sickened any creatures who came into contact with them. López-Mayhew's edition is the only one that attributes this entire verse to Don Juan. The Appendix of López-Mayhew's edition consists of variant interpretations of Zayas' manuscript.

[22] **sirena** *siren*. The beautiful singing of sirens, who sat on rocks by the sea, lured many sailors to their death.

[23] **en quien**…*in whom the women of the court have fallen in love.* Madrid

DON JUAN	¿Qué dices? ¿Qué es lo que veo?	
	Respondes a mi deseo,	
	'¿mas quieres que pague el porte?°	why do you make me
FENISA	Escucha, así Dios te guarde,	suffer so?
5	que yo te diré el deseo	
	que me mueve, y es Liseo	
	su nombre.	
DON JUAN	¡Ay, amor cobarde!	
	'¡Qué presto desmayas!° ¡Fiera!°	how soon you
10	¿Tal me preguntas a mí?	disappear, temptress
FENISA	No pienses, don Juan, que en ti	
	hay causa de tal quimera.°	false hope
	¿De ti mismo desconfias°	distrust
	cuando tus partes están	
15	por gentil hombre y galán	
	venciendo damas? ¿Porfías°	do you insist
	en darme la muerte? Ingrata,[24]	
	mejor, don Juan, lo dijeras.	
	(Ap. Triste de mí si supieras	
20	que este Liseo me mata;	
	mas amor manda que calle,	
	disimular° quiero.)	pretend
DON JUAN	A fe,	
	que ya en tus ojos se ve,	
25	fiera, que debes de amalle.°	= amarle
FENISA	Tu engaño, don Juan, me obliga	
	a descubrirte el secreto	
	por lo que quise saber	
	quién es el galán Liseo.	
30	Pretende de Marcia bella	
	el dichoso° casamiento,°	happy, marriage
	'siendo por fuerza de estrellas,°	the stars ordained
	'conformes en los deseos.°	she feels the same for

became the capital of Spain in 1562.

[24] **Ingrata...**Ingrate. Only López-Mayhew attributes this verse to Fenisa.

Quíseme informar de ti   him
si es noble, porque discreto
y galán ella me ha dicho
que 'es de aquesta corte espejo.°   he is just like the men at
5   Y tú, sin mirar que soy   court
la que te estima por dueño,
estás con celos pesado.°   great
Pidiendo sin causa celos,
no me verás en tu vida;
10   y pues celos de Liseo
te obligan a esta locura,
yo haré que tus pensamientos
tengan, por locos, castigos.
Pues de hoy más quererle pienso.
15   Y así servirá a los hombres
'tu castigo de escarmiento:°   your punishment will
que no se han de despertar   be a lesson
a las mujeres del sueño,
que 'firmes y descuidadas°   constant and carefree
20   dulcemente° están durmiendo.   sweetly

DON JUAN   ¡Aguarda!°   wait!
FENISA   No hay que aguardar.
De Liseo soy²⁵ (*Ap.* ¡El cielo
lo haga!)²⁶
25   DON JUAN   Tras ti voy, fiera,°   wild beast
que por amarte me has muerto.

            (*Vanse y salen* Liseo y León, *lacayo.*°)   servant

30   LEÓN   Contento vienes, como si ya fueras
señor del mundo, por haberte dicho
la bella Marcia, que te adora y quiere.

---

²⁵ Zayas' manuscript, **soi** (López-Mayhew 59).

²⁶ This aside does not appear as an exclamation in López-Mayhew's
edition.

LISEO   ¿No te parece que de un ángel
se han de estimar favores semejantes
y engrandecer° el alma, porque en ella   exalt
quepa° la gloria de merced tan grande?   resides

5 LEÓN   Si va a decir verdad, como no busco
'amor de mantequillas ni alfeñique,[27]
de andarme 'casquivano y boquiabierto,°   scatter-brain and open-
de día viendo damas melindrosas,°   mouthed; prudish
de noche 'requebrando cantarillas°   getting hit with pitchers

10   de las que llenas de agua en las ventanas   of water
ponen a serenar por los calores,[28]
en la corte se usan!
pues a cabo un cuidado de quebrarse
la cabeza, no hará sino caerse

15   y romperle los cascos cuando menos.
¡Pesie a quien me parió,° que no hay tal cosa   on my mother's grave
como las fregoncillas° que destos° años   little servant girls, = de

LISEO   Mi alegría   **estos**
escucharte me manda. Dime al punto

20   cómo son las fregonas que se usan.

LEÓN   Si preguntas, señor, de las gallegas[29]
rollizas,° cariartas° y que alzan   stocky, round-faced
doce puntos, o trece por lo menos,
dos baras de cintura, tres de espalda,[30]

25   que se alquilan° por meses y preguntan   rent
si acaso hay niños, viejos o escaleras,°   stairs
de las que sacan de partido un día
y hurtan° cada día algunas horas,   steal

---

[27] **amor de mantequillas…** *sugar-coated love.* Both **mantequillas** and
alfeñique are types of sweets made with sugar.

[28] **ponen…** *they throw down to cool me off from the heat*

[29] **gallegas** *Galician girls.* Galicia is a region located in the northwest of
Spain and is known as the "land of the 1000 rivers."

[30] **doce puntos…** *shoe size of twelve or at least thirteen, two yards around the
waist and three across the shoulders.*

buscan sus cuyos° cuando salen fuera,   their lovers
y venimos a serlo los lacayos°   servants
por nuestra desventura° y mala estrella.   misfortune
Llevan su medio espejo y salserilla,°   small make-up kit
5 y entrando en el portal° que está más cerca,   doorway
se jalbean° las caras como casas,[31]   whitewash
y se ponen almagre° como ovejas;   rouge
y tras desto buscando su requiebro,°   flattery
se vuelven yedras a su tronco asidas.[32]
10 'Llevan sabrosas lonjas de tocino,°   they require tasty slices of bacon
y en pago desto vuelven a sus casas
con un niño lacayo en la barriga,°   belly
'o mozo de caballos° por lo menos.   or stableboy
Nosotros paseamos por su calle,
15 haciendo piernas y escupiendo fuertes,[33]
hasta que llega la olorosa° hora   foul smelling
en que quieren verter° el…, ya me entiendes,   pour out
'alcahuete discreto de fregonas,°   serving wenches
cuyo olor nos parece más suave
20 que el de la algalia,° y aun decirte puedo   musk oil
que alguna vez le tuve por más fino.
Éstas, como te he dicho, son gallegas,
y fruta para nosotros solamente;
que de las 'fregoncillas cortesanas°   dishwashers at court
25 no hay que decir, pues ellas mismas dicen
que son joyas de príncipes y grandes.
Y aun hay muchos que humillan° su grandeza   debase themselves
al estropajo destas bellas ninfas,[34]
que te puedo jurar que
30 he visto una que tal vez no estimó de un almirante°   admiral

---

[31] Zayas' manuscript, **cosas** (López-Mayhew 61).

[32] **se vuelven. . .** *they cling to you like ivory wrapped around a tree trunk.*

[33] **haciendo piernas…** *pretending to be well bred and spitting in a macho manner.*

[34] **al estropajo…** *because of these beautiful nymphs*

cien escudos, señor, por sólo dalle°   = **darle**
la paz al uso de la bella Francia.
Con éstas se regala y entretiene
el gusto, y más cuando se van al río
5   que allí mientras la ropa le jabonan,[35]
'ellas se dan un verde y dos azules;°   they show a man a
y no estas damas hechas de jalea,°   good time; flattery
que atormentan° a un hombre con melindres,°   torture, finickiness
y siempre están diciendo "dáme, dáme."
10 LISEO   ¡Ay, mi León! Que sola a Marcia veo
un todo de hermosura, un sol, un ángel,
una Venus[36] hermosa en la belleza,
una galana y celebrada Elena,[37]
un sacro Apolo[38] en la divina gracia,
15   un famoso Mercurio[39] en la elocuencia,[40]
un Marte[41] en el valor, una Diana[42]
en castidad.°   chastity
     LEÓN   Parece que estás loco.
¿Para qué quieres castas ni Dianas?
20   Anda señor, pareces boquirrubio.°   naïve
¿Para qué quiero yo mujeres castas?
Mejor me hallara si castiza[43] fuera,

---

[35] **la ropa...** *they wash their clothes with soap*

[36] Venus was the Goddess of Love and Beauty.

[37] **Elena...** *Helen of Troy.* Helen of Troy was the most beautiful woman in the world, and all of the Greek princes wanted to marry her.

[38] Apollo, who was the son of Zeus, was the God of Light, the God of Truth, a god of prophecy whose chief oracle was at Delphi, and a master musician.

[39] Mercury was the most cunning of all of the gods.

[40] Zayas' manuscript, **elequençia** (López-Mayhew 63).

[41] Mars was the God of War.

[42] Diana, who was Apollo's twin sister and the daughter of Zeus, was the Goddess of Chastity.

[43] With a pun based on the similar sound of the adjectives *casta* and *castiza*, León expresses his preference for a woman who possesses *limpieza de*

	por aquesto reniego° de Penélope[44]	avoid
	y a Lucrecia[45] maldigo, ensalzo° y quiero	exalt
	a la Porcia[46] sin par,° que sólo Bruto,	equal
	si acaso en el amor te parecía,	
5	pudo hacer desatino° semejante.	folly
	¡Por vida de mis mozas! Que si fuera	
	mujer, que había de ser tan agradable	
	que no había de llamarme naide° esquiva.°	= **nadie**, disdainful
	Dar gusto a todo el mundo es bella cosa;	
10	bien sabe en eso el cielo lo que hizo.	
	Tengo estas barbas,° que si no, yo creo	beard
	que fuera linda pieza. ¡Oh, si tuviera	
	una famosa bota,[47] como digo	
	verdad en esto!	
15 LISEO	¡Calla! Que parece	
	que vienes como sueles. Pues ¿no miras	
	que con tu lengua la virtud° ofendes	virtue
	más estimada y de mayor grandeza?	
	Mas, eres tonto. No me espanto° desto.°	frightened, = **de esto**
20 LEÓN	Perdona si te digo que tú eres	
	el tonto si de castas te aficionas,°	take a liking to

---

sangre (purity of blood) over one who is chaste.

[44] Even though other people tried to convince Penelope that her husband Odysseus had died in the Trojan War, she remained faithful to him for years until he returned to her.

[45] Lucretia was a Roman noblewoman whom Sextus Tarquinius, who was the son of the last king of Rome, raped. Once the men of Lucretia's family vowed to take revenge upon Sextus Tarquinius, she committed suicide.

[46] Porcia was the wife of Marcus Junius Brutus, who was one of Julius Caesar's assassins. She inflicted a wound to her leg to prove to herself and to her husband that she was tolerant of pain and would not, even if tortured, reveal the details of the conspiracy to kill Caesar. Soon after Brutus died, Portia committed suicide by swallowing hot coals.

[47] Catherine Larson interprets **bota** as a reference to a woman's private parts (Hegstrom and Larson 57).

	mas que si Marcia esa quimera° hace,	deception
	que te ha de aborrecer;° que las mujeres	hate
	aunque sean Lucrecias, aborrecen	
	los hombres encogidos° y se pierden°	proper, fall for
5	por los que ven graciosos, desenvueltos,	
	y más si al "dáme, dáme," son solícitos.	
	Si no, mira el ejemplo:[48] [a][49] cierta dama	
	cautivaron los moros, y queriendo	
	tratar de su rescate su marido,	
10	respondió libremente que se fuesen,	
	que ella se hallaba bien entre los moros,	
	que era muy astinente° su marido,	abstinent
	y no podía sufrir tanta cuaresma,°	Lent
	que los moros el viernes comen carne	
15	y su marido sólo los domingos,	
	y aun este día sólo era grosura,°	scraps
	y el tal manjar° ni es carne ni pescado.	food
	¿Entiendes esto? Pues, si Marcia sabe	
	que eres tan casto, juzgará[50] que tienes	
20	la condición de aqueste que quitaba	
	a esta pobre señora sus raciones;	
	o entenderá que eres capón,° que basta.	a castrated rooster
LISEO	Ya parece, León, que desvarías.°	talking nonsense
	Pero mira al balcón, ¿es Marcia aquella?	
25 LEÓN	No es sino Fenisa, amiga suya.	

Sale Fenisa *al balcón.*

FENISA	León, llama a Liseo.
30 LEÓN	Señor, llega,
	que la hermosa Fenisa quiere hablarte.
FENISA	Dichosa es la que merece amarte.

---

[48] Zayas' manuscript, **ejenplo** (López-Mayhew 65).

[49] Zayas' manuscript, **la** (López-Mayhew 65).

[50] Zayas' manuscript, **guzgara** (López-Mayhew 65).

LISEO	¿Qué mandáis, Fenisa hermosa?
	Pues, por mi dicha merezco
	que de Marcia hermosa el alma
	tenga de hablarme deseo.
5	Hablad, señora, por Dios,
	y no tengáis más suspenso
	a quien os adora a vos,
	por estrella de su cielo,
	y si sois de aquella diosa
10	en quien adoro…
FENISA	(*Ap.* ¿Qué espero?
	Dejé a Marcia con don Juan,
	y vengo llena de miedo
	a ver de mi dulce ingrato
15	la gala que no merezco,

hurtando° a Marcia sus glorias   stealing

las cortas horas al tiempo,
escribí[51] un papel y en él
mi amor y ventura apuesto.

Enojada° me fingí   angry

y con este engaño dejo
a don Juan pidiendo a Marcia,

que desta° paz sea tercero.°   = de esta, mediator

Y aunque a mi don Juan adoro,
quiero también a Liseo,
porque en mi alma hay lugar

para amar a cuantos° veo.   however many

Perdona, amistad, que amor
tiene mi gusto sujeto,
sin que pueda la razón,
ni mande el entendimiento.
Tantos quiero cuantos miro,
y aunque a ninguno aborrezco,
éste que miro me mata.)

---

[51] Zayas' manuscript, **escriue** (López-Mayhew 66).

LISEO   Fenisa, ¿tanto silencio?[52]
                    No dilates más mis glorias.
                    Dime si traes de mi dueño
                    algún divino mensaje.
5   FENISA   (*Ap.* Amistad santa, no puedo
                    dejar de seguir a amor.)
                    (*A* Liseo.) De aqueste° papel, Liseo,   = este
                    sabrás lo que me preguntas.
                    Léele, que te prometo
10   que me cuesta harto cuidado
                    la travesura que he hecho,[53]
                    y queda a Dios.
LISEO   ¿Ya te vas?
                    Aguarda, por Dios.
15 FENISA   No puedo.
                    ¡Ay, ojos, en cuyas niñas
                    puso su belleza el cielo!
                    Adiós. (*Vase.*)
LISEO   Id con él, señora.
20   ¡Dulce papel de mi dueño,
                    no carta de libertad,
                    sino de más cautiverio!°   captivity
LEÓN   ¿Es *ligno en cruzis*[54] acaso?
                    ¿Es de alguna santa el güeso°   = hueso
25   lo que te dio aquella dama?
LISEO   ¿Por qué lo preguntas, necio?°   fool
LEÓN   Bésasle tan tiernamente°   tenderly
                    que no es mucho si sospecho°   suspect
                    que es reliquia.° A ver, papel;   relic
30   ahora sí que estás bueno.

---

[52] Zayas' manuscript, **siliçençio** (López-Mayhew 67).

[53] **que me cuesta**...*it was very difficult to do what I had done.*

[54] León makes fun of Liseo's veneration for the letter by asking in Latin if the letter is a holy relic. The correct phrase in Latin is *lignum crucis* (Hegstrom and Larson 62).

	Mas si fuera Marcia casta,
	no granjeara en aquesto.[55]
LISEO	Si merezco, papel mío,
	saber lo que tienes dentro,
5	romperé para gozarlo
	aqueste° divino sello.° = **este**, seal
LEÓN	Acaba. ¿Qué estás dudando
	si no temes que los griegos
	del gran caballo troyano[56]
10	trae metidos en su centro?
LISEO	No es ésta letra de Marcia.
LEÓN	¿Y vendrá a ser por lo menos
	de la fregona de casa?
LISEO	¡Calla, que leerle quiero!
15	"Hoy de la boca de Marcia
	supe,° gallardo° Liseo, charming, found out
	tu nobleza, tu valor
	y tu gran merecimiento.° merit
	En tu retrato miré
20	las partes que te dio el cielo,
	y al fin por ojos y oídos
	me dio el amor su veneno.° poison
	Y aunque entiendo que[57] te adora,
	hoy a quererte me atrevo;° dare
25	que amor no mira amistades,° friendships
	ni respeta parentescos.° family relationships
	Dirás que fuera mejor
	morir, pues tú me has muerto.
	No se queda sin castigo

---

[55] **no granjeara. . .** *she would not have sent the letter.*

[56] Allusion to the giant, wooden horse inside of which an army of Greeks hid in order to gain entrance into the city of Troy. Once inside, they defeated the sleeping Trojans.

[57] The editors of other editions of the play interpret the verse as "Y aunque entiendo quien te adora."

mi amoroso atrevimiento.
Y si quieres de más cerca
oír mis locos deseos,
escuchar mis tristes quejas°   complaints
y amorosos pensamientos,
vivo a San Ginés.[58] ¡Ay, Dios!
Si no vivo, ¿cómo miento?
Vivo sólo donde estás,
porque donde no estás muero.
En unos yerros azules
dadas las doce te espero
donde perdones los míos[59]
pues vienen de amor cubiertos."
¿Qué dices desto,° León?   = de esto

LEÓN   ¿Qué he de decir? Que eres necio
si no gozas° la ocasión,   enjoy
pues te ofrece sus cabellos.
¡Ésta sí que me da gusto
que descubre sin extremos
los° que tiene allá en el alma!   = hombres
Parece que estás suspenso.
Ventura° tienes, por Dios.   good fortune
Di, ¿sabes encantamentos[60]
con que hechizas° esta gente?   enchant
¿Traes algún[61] 'grano de helecho?°   love potion
Marcia te adora y estima,
Fenisa por ti muriendo,
y Laura…

---

[58] San Ginés is a neighborhood in Madrid. The Church of San Ginés, one of the oldest churches in the city, is located on Arenal Street.

[59] Pun based upon the words *yerros* (*faults*) and *hierros* (iron bars). Fenisa wants Liseo to meet her in front of the iron bars of her balcony, where she hopes he will forgive her faults.

[60] **encantamentos** *encantamientos* magic spells.

[61] Zayas' manuscript, **algrún** (López-Mayhew 69).

LISEO	¡Calla, borracho!°	drunkard
	Si sabes que la aborrezco,	
	¿por qué me nombras su nombre?	
	¡Vive Dios!	
5 LEÓN.	¡Jesús! ¿Tan presto	
	te enojas? Detén la mano,	
	que ya la paso en silencio.	
	Mas dime, ¿en qué ha de parar°	end
	esta quimera?° Que creo	fantasy
10	que te has de volver gran turco.⁶²	
	Di '¿qué pretendes?°	what will you do?
LISEO	¡Pretendo	
	darte cien espaldrazos!°	blows to the back
LEÓN	¡Dios te guarde! Que yo pienso	
15	que no te verás por dar	
	a puertas de monasterios,	
	y si das son mojicones°	crumbs
	cosa que aunque por momentos	
	los des, no les quitarás	
20	la herencia a tus herederos.	
	Mas si pasas adelante	
	con estas cosas, sospecho	
	que 'han de reñir y arañarse;°	the women will fight
	que esto y más pueden los celos.	and scratch
25	Las fregonas por nosotros	
	cada día hacen esto,	
	mas las damas no es razón.°	appropriate
LISEO	¿Quieres callar, majadero?°	fool
	Ya me cansan tus frialdades;°	nonsense
30	ya de escucharte me ofendo.°	offended
LEÓN	[*Al público.*] ¡Casto° dice, y tiene tres!	chaste
	Éreslo como mi abuelo	
	que no dejaba doncellas,°	young women

---

⁶² León teases Liseo that he will become a Turkish sultan who has his own harem.

ni aun las casadas,° sospecho.   married women
Era cura de un lugar
y en lo que tocaba al sexto[63]
curaba muy bien su gusto.
5   Pues el día de su entierro
iban diciendo "¡ay mi padre!"
todos los niños del pueblo.
Algunos murmuradores°   gossippers
al obispo le dijeron
10 que tenía doce hijos,
sin los demás encubiertos.°   hidden
Vino el obispo al lugar
a castigar tantos yerros,
y él le salió a recibir
15 disimulado° y secreto.   nonchalantly
Dijo el obispo: "¡Traidor!
¿Cuántos hijos tenéis?" "Pienso,"
respondió, "que he de tener,
si no me engaño, y es cierto,
20 tantos como Useñoría°   = Su Señoría = Your
y aun sospecho que uno menos."   Worship
Llegaron con esto a casa
y al entrar en ella vieron
los doce niños vestidos
25 de un 'leonado terciopelo°   tan velvet
y con hachas° en las manos.   candles
Quedó el obispo suspenso,
mirando con atención
los muchachos; ya mi abuelo
30 dijo: "¿Qué mira, señor?
¿estos doce candeleros?°   candlesticks

---

[63] León makes reference to the seventh commandment, which prohibits adultery, but, as is characteristic of the *gracioso*, he misspeaks and refers to the sixth commandment, "Thou shalt not kill".

	Pues yo le[64] juro que todos	
	dentro de casa se hicieron."[65]	
LISEO	¿Acabaste?	
LEÓN	No, señor,	
5	que se me acuerda otro cuento°	story
	tan gracioso como estotros.°	= estos otros
LISEO	Lo que has hablado, no creo	
	que habla más un papagayo.°	parrot
LEÓN	Dábale mucho contento	
10	tener las criadas mozas,	
	y habiendo por fuerza hecho	
	que tuviese una ama vieja	
	de a cincuenta años, fue puesto	
	en la mayor confusión	
15	en que no se vio en su tiempo,	
	y para poder medir	
	con su gusto el mandamiento,	
	tomó dos de a veinte y cinco,	
	que fue el más famoso cuento.	
20 LISEO	¡Calla ya, por Dios!	
LEÓN	¿Te ofendes	
	de tan graciosos sucesos,°	events
	y deso° estás enfadoso?	= de eso
	¡Por Cristo, que no te entiendo!	
25 LISEO	Divina Marcia, perdona	
	si en no ser leal te ofendo,	
	que a Fenisa voy a ver,	
	y aun a engañarla° si puedo.	deceive her
	Si no te viese esta noche,	
30	no te enojes, que el que pierdo	
	soy yo que pierdo tu vista.	
	Vamos, León.	

---

[64] Zayas' manuscript, **te** (López-Mayhew 72).

[65] The priest attempts to defend his fatherhood of twelve children by explaining to the bishop that all are "homemade."

LEÓN	Ya está hecho.	
	Vamos y el cielo permita	
	que algún fregonil° subjeto°	maid, individual
	haya en casa, porque yo	
5	reciba algún pasatiempo.	

Vanse y sale Gerardo.

GERARDO	Goce su libertad° el que ha tenido	freedom
10	voluntad° y sentidos en cadena,	will
	y el condenado° en la amorosa pena	condemned
	al dudoso favor que ha pretendido.	
	En dulces° lazos° pues leal° ha sido,	sweet, snare, loyal
	de mil gustos de amor el alma llena,	
15	el que tuvo su bien en tierra ajena°	distant
	triunfe de ausencia° sin temor de olvido.	absence
	Viva el amado sin furor celoso,	
	y venza° su desdén° el despreciado;°	defeat, disdain, the scorned one; attain, hopes
	logre° sus esperanzas° el que espera.	
20		
	Con su dicha se alegre el venturoso,°	the fortunate one
	y con su amada el vencedor amado,	
	y el que busca imposibles, cual° yo, muera.	= como

25   *Salen* Antonio y Fabio *con sus instrumentos.*

FABIO	¿Mandas, señor, que cantemos?	
GERARDO	Fabio, Antonio, bienvenidos	
	seáis.	
30 ANTONIO	'Cuidados perdidos°	may all your worries
	son los tuyos.	disappear
FABIO	¿Qué diremos?	
GERARDO	Mi pasión podeís cantar.	
FABIO	Será muy triste canción,	
35	que en siete años de afición	
	no te acabes de cansar.	

GERARDO Cual Jacob, querré otros siete
si he de gozar a Raquel.[66]
ANTONIO Aquí no hay suegro cruel
ni Lía° que te sujete.° Leah, restrain
GERARDO Unas endechas[67] me di.
FABIO ¿Endechas?
ANTONIO ¿Endechas quieres?
¿Amante de endechas eres?
GERARDO ¡Ay, Fabio! ¡Ay, Antonio! Sí,[68]
cantad, pues, y no templéis.° hold back
Basta mi tristeza fiera.
FABIO ¡Bravo° amor! fierce
ANTONIO ¡Brava quimera!
GERARDO ¡Ea! Cantad si queréis.

Cantan y Gerardo *se pasea.*

¿Por qué, divina Marcia,
de mis ojos te ausentas,
y en tanto desconsuelo° grief
triste sin ti me dejas?
Si leona no eres,
si no eres tigre fiera,
duélete desdén mío,
de mis rabiosas° penas.° raging, afflictions

A la ventana Belisa y Marcia.

---

[66] Genesis 29:15-30. Jacob worked for seven years for his Uncle Laban, who, in return, promised the hand of his daughter Rachel. Laban, however, deceived Jacob and offered him Rachel's sister, Leah. Jacob had to work another seven years in order to marry Rachel. Gerardo is willing to wait for Marcia's love.

[67] **endechas...** *dirges*. In addition, *endecha* is a type of meter in poetry that consists of a quatrain of seven-syllable verses with assonant rhyme.

[68] Zayas' manuscript, **se** (López-Mayhew 74).

BELISA	Llega, querida prima,	
	así tus años veas	
	logrados y empleados[69]	
5	en quien más te merezca.	
	Escucha cómo cantan.	
FABIO	(*Cantan.*) ¡Ay, celoso tormento!	
	¡Ay, traidora sospecha!	
	Ya que me olvida Marcia,	
10	¿por qué tú me atormentas?°	torment
BELISA	¡Oh! Prima de mis ojos	
	buena ocasión es ésta.	
MARCIA	Calla, que me disgustas,	
	o diré que eres necia.	
15 FABIO	(*Cantan.*) Amigo pensamiento	
	tras esta ingrata vuela,[70]	
	dulce dueño que al alma	
	tanta pasión le cuesta.	
GERARDO	En el balcón hay gente;	
20	será mi Marcia bella.	
	Mas no soy tan dichoso	
	que tal favor merezca.	
FABIO	(*Cantan.*) ¡Ay! Que a mi ingrata bella	
	más la endurezen° mis rabiosas penas.	harden
25 BELISA	Amada prima mía.	
MARCIA	¿Que me vaya deseas? (*Vase.*)	
BELISA	Pues, ¿en esto me hablas?	
	No te vayas. ¡Espera!	
	Sabe el cielo, Gerardo,	
30	cuanto el veros me pesa°	grieve
	en tan grande desdicha.°	predicament
GERARDO	¿Sois vos, Belisa bella?	
	¿Y mi Marcia divina?	

---

[69] **logrados...** *spends his time.*

[70] **Amigo pensamiento...** *Friendly thoughts fly after that ingrate* (Marcia).

BELISA	Aquí[71] estaba y roguéla
	que tu pasión mirase,
	mas cruel persevera.°

persist

	Mas no es justo desmayes,
5	que aunque más me aborrezca,
	he de hacer vuestras partes.
	Tened, señor, paciencia. (*Vase.*)
GERARDO	Bis,[72] mi señora, así vivas.
	Mi desdicha remedia.°

cure

10	Y vosotros, dejadme
	solo con mis tristezas.
FABIO	Triste mancebo,° Antonio;

young man

	miedo tengo que muera.
ANTONIO	Dejémosle, que a solas
15	pasa mejor sus penas. (*Vanse los dos.*)
GERARDO	¡O, Dafne[73] fugitiva
	y aun más ingrata que ella,
	pues huyes de tu amante
	cuando amarle debieras!
20	'Plegue a Dios° que el que amares

may God consent

	te deje cual me dejas,
	pues a mí, que te adoro,
	desdeñosa° desprecias.°

disdainful, scorn

	De mi pasión se duelen
25	hasta las duras piedras,
	y de allá enternecidas°

tender

	ablandan° su dureza.

soften

	Mis lágrimas son tantas
	que el reino que gobierna
30	el sagrado Neptuno[74]

---

[71] Zayas' manuscript, **y quí** (López-Mayhew 76).

[72] **Bis** is Latin for **dos veces** (two times).

[73] Daphne fleed from Apollo, who was in love with Daphne and wanted to ravish her.

[74] Neptune, who was Zeus' brother, was the ruler of the sea.

no tiene más arenas.
Dejad los hilos de oro
en que ensartáis° las perlas,   string together
y ayudadme llorando
5   del mar, bellas sirenas.
Plegue a los cielos, Marcia,
pues mi pasión te alegra,
que ante tus fieros ojos
muerto a Gerardo veas. (*Vase Gerardo.*)
10

Salen Laura y Felis, *paje.*°   page

FELIS   Dímelo, así Dios te guarde.
LAURA   ¿Qué te tengo de decir?
15   Que soy, Felis, desdichada;
            que sin ventura° nací.   fortune
FELIS   No es sin causa esta pasión.
            Fíate, Laura, de mí,
            que si puedo remediarla,
20   lo haré aunque entienda morir.
            Mil días ha que te veo
            desconsolada° vivir.   grief stricken
LAURA   Vivir, si viviera, Felis,
            no fuera malo.
25 FELIS   ¿Es así?
            ¿Qué tienes, señora mía?
            Bien me lo puedes decir,
            que contado el mal se alivia.°   gets better
LAURA   Es verdad. Escucha.
30 FELIS   Di.
LAURA   Ya conoces a Liseo,
            Pues de aqueste, Felis, fui
            requebrada° y pretendida.   courted
FELIS   ¿Eso no más?
35 LAURA   ¡Ay de mí!

	Améle.	
FELIS	Pues que le ames, ¿por eso pierdes?	
LAURA	Perdí	
5	en amarle, Felis mío, más que piensas.	
FELIS	Eso di.	
LAURA	Díome palabra de esposo, y con esto me rendí°	surrendered
10	a entregarle…	
FELIS	No te pares.	
LAURA	Dile…	
FELIS	Prosigue.°	continue
LAURA	¡Ay de mí!	

Mi honra le entregué, Felis,
joya hermosa[75] y que nací
sólo obligada a guardarla,
y con esto me perdí.
Cuando pretendió mi amor,
amante y tierno° le vi,   tender
cuanto° ahora desdeñoso,   = pero
pues no se acuerda de mí.
Dime qué será la causa,
que así acaso viene aquí
es cuando luego me dice:
"Laura, yo voy a dormir."
Si ve mis ojos llorosos°   tearful
y el gusto para morir,
ni me pregunta la causa,
ni la consiente° decir.   allows
Cuando le escribo y me quejo

---

[75] Female characters of Golden Age plays valued their honor as if it were a valuable jewel. Laura's story about her relationship with Liseo is yet another example in a Golden Age play of a female character who surrendered herself to the man she loved, only to be ignored thereafter.

de ver que me trata así,
no responde, antes se enfada
de verme siempre escribir.
Si busco lugar de darle
5   el favor que ya le di,
regatea[76] el recibirle,
y él queda conmigo aquí.
Dormido anoche en mis brazos
con ansia° empezó a decir,   longing
10   "Marcia y Fenisa me adoran."
¡Oh, amor, y lo que sentí!
Y al fin asiendo° sus manos,   grasping
llorando le estremecí,   shook
diciendo: "Amado, Liseo,
15   mira que estás junto a mí;
si a Marcia y Fenisa quieres,
mira ingrato, que por ti
a mí misma me aborrezco,
desde el día que te vi."
20   Respondióme airado,° "Laura,   furiously
ya no te puedo sufrir;
de todo tienes sospechas;
presto quieres ver mi fin."
Esta noche le aguardaba,°   wait
25   Felis, pues no viene aquí;
alguna dama le tiene
más dichosa que yo fui.
Éstos son, Felis, mis males;
aquesto me tiene así,
30   atormentándome el alma,
sin descansar ni dormir.
FELIS   Desa° suerte, hermosa Laura,   = de esa
muy bien te puedo decir,

---

[76] **regatea...** *negotiate.* Liseo does not want to become romantically involved with Laura, so he attempts to avoid the issue.

las tres de la noche han dado,
mi señora, y no dormís.
Sentid, pues, fuistes la causa,
el dolor que os da a sentir

5   aquel corazón de piedra
cruel; pues os trata así.
Llorad, bellísimos[77] ojos.

LAURA   Mi Felis, harélo así,
hasta que acabe la vida,

10   que presto será su fin.
Plubiera[78] al cielo, Liseo,
dura piedra para mí,
que fuera el fin de mis días,
el día que yo te vi.

15   Piadoso° cielo, duélete de mí;   merciful
que amando, aborrecida muero al fin. (*Llora.*)

FELIS   Baste, mi señora, baste.
No quieras tratar así
aquesos bellos luceros;[79]

20   que aunque yo muera por ti,
cuanto basten mis fuerzas,
me tienes seguro aquí.
Suspende tu pena a[h]ora,
acúestate y fía° de mí,   trust

25   que yo sabré por qué causa
Liseo te trata así;
que la deuda° que a tus padres   debt
tengo desde que nací,
fuera negarla si a[h]ora

30   te desamparara° a ti.   abandon
Queda en buena hora, que el cielo,

---

[77] Zayas' manuscript, **bellisísimos** (López-Mayhew 80).

[78] **Plubiera = Pluguiera** *May it please.*

[79] Felis uses a metaphor to compare the beauty of Laura's eyes to the stars.

                    cansado ya de sufrir,
                    te vengara deste ingrato,
                    que yo le voy a seguir.

LAURA   Piadoso cielo, duélete de mí,

5   que amando, aborrecida muero al fin. (*Vase* Felis.)
                    Que muera yo, Liseo, por tus ojos,
                    y que gusten tus ojos de matarme.
                    Que quiera con tus ojos alegrarme
                    y tus ojos me den cien mil enojos.

10   Que rinda° yo a tus ojos por despojos°   surrender, spoils
                    mis ojos, y ellos en lugar de amarme,
                    pudiendo con sus rayos alumbrarme,
                    las flores° me convierten en abrojos.°   flowers, thistles
                    Que me maten tus ojos con desdenes,°   disdain

15   con rigores,° con celos, con tibieza°   severity, indifference
                    cuando mis ojos por tus ojos mueren.
                    ¡Ay, dulce ingrato, que en los ojos tienes
                    tan grande deslealtad° como belleza   disloyalty
                    para unos ojos que a tus ojos quieren.

20

                (*Vase* Laura, *con que se da fin a la Primera Jornada.*)

Jornada Segunda

Sale Marcia *sola.*

MARCIA   Amar el día, aborrecer el día,
llamar la noche y despreciarla° luego,   ignore it
temer el fuego y acercarse el fuego,
tener a un tiempo pena y alegría.
Estar juntos valor y cobardía,
el desprecio cruel y 'el blando ruego,°   tender request
temor valiente y entendimiento° ciego,   judgment
atada° la razón, libre osadía.°   bound, daring
Buscar lugar donde aliviar los males,
y no querer del mal hacer mudanza,°   change
desear sin saber que se desea.
Tener el gusto y el disgusto iguales,
y todo el bien librado° en esta esperanza,   liberated
si aqueste no es amor no sé qué sea.

Sale Belisa.

MARCIA   ¿Búscasme,° prima?   **= me buscas**
BELISA   Una dama
'bizarra y de lindo talle°   elegant and beautiful
te quiere hablar. ¿Quieres dalle°   **= darle**
licencia?° Que es de la fama   permission
y muestra su gallardía°   gracefulness
ser hermosa.
MARCIA   Pues ¿qué quiere?
BELISA   Marcia,[1] hablarte.
MARCIA   Sea quien fuere,
díle que entre, prima mía.

---

[1] Zayas' manuscript, Velisa (López-Mayhew 83).

	¿Viene sola?	
BELISA	Un escudero,°	squire
	una silla,° mucha seda,°	traveling chair, silk
	buen brío,° y tan cerca queda	energy
5	que con su presencia espero	
	sacarte de confusión.	
	Entrad, gallarda señora.	

Sale Laura ˈ*con manto.*°   wearing a cloak

10

MARCIA	[*Ap.* No sale, prima, el aurora°	dawn
	con tan grande presunción,°	presumption
	¡Buen talle!]² Seáis bienvenida.	
LAURA	Y vos, señora. [*Ap.* ¡Ay amor!	
15	Ya el ánimo y la color	
	tengo de verla perdida.]	
MARCIA	[*Ap.* Parece que ˈse ha turbado,°	become upset
	Belisa, en sólo mirarme.]	
LAURA	Marcia hermosa, perdonadme,	
20	que es vuestro talle° extremado.	beauty
	Me ha turbado, y casi estoy	
	muerta de amores° en veros.	feelings of love
	No hay más bien que conoceros;	
	dichosa° en miraros soy.	happy
25 MARCIA	Para serviros será	
	que lo haré, ˈasí Dios me guarde.°	as God wishes
LAURA	[*Ap.* ¡Qué tiemblo, que estoy cobarde!]	
MARCIA	[*Ap.* Confusa, Belisa, está.]	
	Descubríos, que los ojos	
30	me tienen enamorada.³	
LAURA	Sólo en el ser desgraciada	

---

² Marcia and Laura's dialogue on this page does not appear in asides in López-Mayhew's edition.

³ **enamorada** appears as **enemorada** in Zayas' manuscript (López-Mayhew 83)

	soy hermosa, y si en despojos°	mortal remains
	el alma, señora, os doy,
	tomad el rostro también. (*Se descubre.*)
MARCIA	Hermosa sois.
5 BELISA	No hay más bien
	que ver, cuando viendo estoy
	tal belleza. ¡El cielo os dé
	la ventura cual la cara!
	Si hombre fuera yo, empleara
10	en vuestra afición mi fe.
LAURA	Bésoos,° señora, las manos.	= os beso
MARCIA	Señora, pues me buscáis,
	razón será que digáis
	quién sois.
15 LAURA	Pues las tres estamos
	solas, quien soy yo os diré,
	y a lo que vengo.
MARCIA	¿Os llamáis?
LAURA	Laura.
20 BELISA	Con razón tomáis
	tal nombre, pues ya estaré
	segura que a Dafne veo
	hoy en laurel convertida.[4]
MARCIA	Laura bella, ¡por mi vida,
25	que no tengáis mi deseo!°	desire [for the same man]
LAURA	Mas confieso,[5] Marcia bella,
	¿es esta dama Fenisa?
MARCIA	No, Laura, porque es Belisa,
	mi prima.
30 LAURA	Ya mi amor sella°	seal
	con mis brazos su amistad.
BELISA	Soy vuestra servidora,

---

[4] While Apollo was in pursuit of Daphne, with whom Apollo had fallen in love, Mother Earth changed the young huntress into a laurel tree.

[5] Zayas' manuscript, **confiesso** (López-Mayhew 84).

	y a fe que de desta° hora	= de esta
	ꞌcautiváis mi voluntad.°	my good will is yours
LAURA	Yo la acepto,[6] y porque está	
	suspensa° Marcia, os diré	confused
5	a lo que vengo.	
MARCIA	Estaré	
	atenta. [*Ap.* ¡Ay Dios! ¿Qué será?]	
LAURA	Sabed, bellísimas[7] primas,	
	ꞌcuyos años logre el cielo,°	may heaven always
10	cómo nací en esta corte,	bless you
	y es noble mi nacimiento.	
	Mis padres, que el cielo gozan,	
	me faltaron a tal tiempo	
	que casi no conocí	
15	a los que vida me dieron.	
	Quedé niña, sola y rica,	
	con un noble caballero	
	que tuvo gusto° en criarme	pleasure
	por ser de mi madre deudo.°	close friend
20	Puso los ojos en mí	
	un generoso mancebo,°	young man
	tan galán como alevoso,°	treacherous
	desleal y lisonjero.°	flattering
	Como mi esposo, alcanzó	
25	los favores con que pienso	
	que si tuve algún valor,	
	sin honra y sin valor quedo.	
	Cuando entendí que mi amante	
	trataba de casamiento,	
30	trató, Marcia, de emplearse	
	en otros cuidados nuevos.[8]	

---

[6] Zayas' manuscript, **açeto** (López-Mayhew 85).

[7] Zayas' manuscript, **bellisísimas** (López-Mayhew 85)

[8] **Cuando entendí. . .** *When I learned that my lover was attempting to marry someone else, that he wanted to find someone new.*

		Yo, sintiendo su tibieza°	distant behavior
		y mi desdicha sintiendo,	
		le hice seguir los pasos	
		para averiguar° mis celos.	to find out (the cause of)
5		'A pocos lances° hallé	soon
		que este mi tirano dueño,	
		Nerón[9] cruel, que a mi alma	
		puso como a Roma incendio,	
		¡Ay, Marcia! Supe… *(Llora.)*	
10	MARCIA	Pues, dilo,	
		y deja ese sentimiento.	
	BELISA	Ya no sirve enternecerte.°	to be moved
		¿Lágrimas viertes?° ¿Qué es esto?	shed
	LAURA	¿No quieres, divina Marcia,	
15		que 'tema el decir?°	to hold back my words
	MARCIA	¡Ay, cielo!	
	BELISA	Laura, confusa me tienes.	
		Aquí no te conocemos,	
		si es vergüenza.°	shame
20	LAURA	No es vergüenza,	
		sino pensar que 'me pierdo.°	I am lost
		Sólo digo…	
	MARCIA	Acaba, amiga.	
	LAURA	Supe, Marcia, que Liseo,	
25		que éste, el traidor ingrato,	
		que en tal ocasión me ha puesto,	
		te adora a ti. Ésta es	
		la causa porque temiendo	
		estaba de declararme.°	explain myself
30	MARCIA	Laura, si tu sentimiento	

[9] Laura compares Liseo's indifference toward her to the lack of interest displayed by Roman Emperor Nero (A.D. 54-68), who, according to legend, played his lyre and sang in stage costume while fire engulfed Rome. According to the Roman historian Tacitus, however, Nero was not in Rome when the fire began.

	es ése, puedo jurarte	
	que no le he dado a Liseo	
	favor que no pueda al punto°	immediately
	quitársele. Yo confieso	
5	que 'le tengo voluntad;°	that I care for him
	mas,° Laura hermosa, sabiendo	but
	que te tiene obligación,	
	desde aquí de amar le dejo.	
	En mi vida le veré.	
10	¿Eso temes? Ten por cierto	
	que soy mujer principal°	noble
	y que aqueste engaño siento.	
Laura	Espera, amiga, que hay más,	
	que es justo porque° tomemos	= para que
15	venganza° las dos, que sepas	revenge
	que este cruel lisonjero°	flatterer
	si a mí me desprecia, a ti	
	te engaña. Pues sé por cierto	
	que ama a Fenisa, tu amiga,	
20	que a ti te engaña, cumpliendo	
	con traiciones, que Fenisa	
	es su gusto y pasatiempo.	
	Desde que sale en oriente°	east
	el rubio señor de Delos,	
25	hasta que sale Lucina[10]	
	está en su casa Liseo	
	embebecido,° hechizado,	captivated
	y de muy amante necio.	
	Bien sé, Marcia, que contigo	
30	era sólo pasatiempo	
	lo que el ingrato trataba,	

---

[10] Laura informs Marcia that Liseo spends from sunrise to sunset in Fenisa's house. Apollo, the sun god, is from the island of Delos; *Lucina* is a derivation of the genus *Luscinia*, and it refers to the nightingale, which sings in the evening (Hegstrom and Larson 94-95).

mas con Fenisa yo pienso
que pasa más que a servirla.
Marcia, dame tu consejo,
que si Liseo se casa,

5 bien ves cuan perdida quedo.
¡Ay, bella Marcia!

MARCIA   No llores,
que ya he pensado el remedio,°   solution
tal que he de dar a Fenisa

10 lo que merece su intento.°   actions
¿Podrás quedarte conmigo?

LAURA   Sí, amiga, porque no quiero
vida, hacienda y gusto, honor
si a mi dueño ingrato pierdo.

15 Mas para que con mi honra
pueda cumplir, Marcia, quiero
que digas que eres mi deuda,°   relative
y que en ese monasterio
me has conocido, y Leonardo,

20 creyendo ser parentesco,°   kinship
me dejará que contigo
viva, señora, algún tiempo.

MARCIA   Pues, Laura, quítate el manto,
sosiega° y éntrate dentro,   relax

25 que no quiero que te vea
que estás conmigo Liseo,
y déjame el cargo° a mí.   the rest

LAURA   Déjame besar el suelo
adonde pones las plantas.° *(Se arrodilla.)*°   feet, she kneels

30 MARCIA   Alza° amiga, que no quiero   get up
que gastes tanta humildad,
que no es razón. Mas pensemos
si Liseo te buscase,
¿qué has de decir a Liseo?

35 LAURA   Yo le escribiré un papel

		y en él le diré que quiero,	
		cansada de sus crueldades,	
		ser religiosa, y con esto	
		yo sé que su poco amor	
5		dará lugar a mi enredo.°	mischief
	MARCIA	¡Bien haya tu discreción!	
		¿Qué dices prima?	
	BELISA	Que pierdo	
		el juicio imaginando	
10		tal traición, y que si puedo	
		le he de quitar a don Juan,	
		mi antiguo y querido dueño,	
		que también le persuadió	
		a que no me viese.	
15	LAURA	¡Ay, cielo!	
		¿También tú estás agraviada?°	offended
	MARCIA	Muy fácil está el remedio.	
		Procura, prima, que vuelva	
		a su pasado deseo,	
20		que fácil será de hacer	
		con persuaciones y ruegos.	
		Vamos, Laura. ¡Y tal maldad	
		así paga los extremos°	intensity
		de mi voluntad, Fenisa!	
25		'¡Mal haya° quien en tal tiempo	unfortunate is the one
		tiene amigas!	
	BELISA	¡Don Juan viene!	
		¡Véte, por Dios! Que si puedo	
		he de intentar mi venganza.	
30	MARCIA	¡Vamos, que sus pasos siento!	
	LAURA	*La traición en la amistad*	
		puede llamarse este cuento.	

Vanse Marcia y Laura, *y queda* Belisa *sola.*

BELISA	Quien no sabe qué es celos, no se alabe°

BELISA   Quien no sabe qué es celos, no se alabe°   does not acknowledge
que ha tenido dolor ni descontento,
porque basta un celoso pensamiento,
para matar a quien sufrir no sabe.
5   ¡Oh, yugo° del amor, dulce y suave,   yoke
sólo por ti se tiene sufrimiento!
Que celos es tirano tan violento,
que atemoriza° con su aspecto grave.°   frightens, solemn
No sé, Amor,° cómo el verle no te espanta,   Cupid
10   siendo como eres niño y temeroso,
antes le tienes por leal amigo.
mas es sirena° que cantando encanta,   monster
que para ti, Cupido, es amoroso
cuanto cruel y desleal conmigo.
15   Sea desto testigo
la crueldad con que me das tormento,
fuego rabioso en que abrasarme° siento.   burns me
Y si alguno pregunta,
sé qué son mis desvelos,°   troubles
20   le pueden responder que tengo celos.

Sale don Juan.

DON JUAN   ¿Será preguntar locura,
25   a tu divina hermosura,
discretísima Belisa,
si está con Marcia Fenisa?[11]
BELISA   Es tal tu desenvoltura,°   boldness
que no me espanto que a mí
30   llegues a mostrar que fuiste
quien, con saber que por ti
vivo congojosa° y triste   distressed
de lo que no merecí.
Que si yo fuera mujer

---

[11] Zayas' manuscript, **Felisa** (López-Mayhew 90).

	que a tu ⸢ingrato proceder°	ungrateful behavior
	hubiera dado el castigo,	
	no tuvieras, enemigo,	
	tal libertad y poder.	
5	Por Fenisa me preguntas,	
	tirano, y no miras juntas	
	mi ofensa y libertad;	
	no conoces tu maldad	
	y ⸢mi rigor no barruntas.°	you are not aware of my
10	Solicitaste mi amor,	anger
	y cuando de su favor	
	eras, ingrato, admitido,°	accepted
	me trataste con olvido,°	as if I did not exist
	propio pago de traidor.	
15	¿Mudo estás? Tienes razón,	
	pero ya de tu traición,	
	el cielo y tu infame° prenda°	despicable, pledge
	mi agravio y tu olvido[12] venga.[13]	

DON JUAN   Escucha.

BELISA   ¿Por qué razón,
si escuchándote perdí
la libertad que era en mí?
Libre, exenta y no pechera.[14]
Pues, ¿por qué quieres que muera
tornándote a escuchar?[15] Di.
¡Déjame, no me detengas!
Que aunque no quieres, me vengas°   take revenge
tu mismo, traidor, de ti.

DON JUAN   Pues ¿cómo, señora, así
me tratas?

---

[12] Zayas' manuscript, **olbida** (López-Mayhew 91).

[13] **el cielo**... *heaven will punish you for your despicable and insulting behavior.*

[14] **Libre**... *Free, without obligation, and not a commoner. Pecheros* were those people who belonged to a non-noble, taxable stratum of society.

[15] Zayas' manuscript, **escuibar** (López-Mayhew 91).

BELISA	Ya tus arengas°	arguments
	para mí son invenciones.°	lies
DON JUAN	Oh, amor, ¿qué ocasión me pones,	
	que por mi culpa perdiese	
5	tu gracia?	
BELISA	Si yo te viese	
	tan cercado° de pasiones,	overwhelmed
	enemigo, como estoy;	
	mas, ¿por qué tan necia soy	
10	que pudiendo yo vengarme,	
	deje que torne° a engañarme	again
	tu maldad?	
DON JUAN	Si yo te doy	
	enojos, Belisa mía,	
15	mátame…	
BELISA	Yo bien querría.	
DON JUAN	…con tus ojos pues, que soy	
	su esclavo.	
BELISA	¡Qué hechicería!	
20	¡Calla, 'alevoso perjuro,°	treacherous liar
	y no irrites mi venganza,	
	sino mira tu mudanza°	fickleness
	y que con razón procuro	
	tu muerte!	
25 DON JUAN	¡Qué hermosa estás!	
	Parece que con enojos	
	hacen más tus bellos ojos,	
	con que la muerte me das,	
	llevando el alma en despojos.°	shreds
30	¡Mira que muero por ti!	
BELISA	¿Eso me dices así,	
	cuando adoras a Fenisa,	
	por quien mi gusto perdí?	
	¿Enamoras a Belisa?	
35	¡Véngueme el cielo de ti!	

	Mas ella te habrá encerrado,	
	pues mientras tú descuidado,°	unaware
	otro sus umbrales° pisa,	doorsteps
	y engaña con falsa risa.	
5 DON JUAN	(*Ap.* ¿A quién? ¿A mí me ha engañado?)	
	(*A* Belisa.) No sé. ¿Qué tienen tus ojos,	
	que en esas hermosas niñas°	pupils
	parece que miro el alba,°	dawn
	cuando hermosa, crespa° y linda,	elegant
10	por los balcones de Oriente	
	nos muestra su hermosa risa.	
	Fenisa tiene la culpa;	
	mas si me agravia° Fenisa,	offends
	vengada quedas, señora,	
15	yo ofendido como pintas.	
	Mas dime quién es el hombre,	
	sólo para que le diga	
	que solos tus ojos bellos	
	son los que don Juan estima.°	esteem
20 BELISA	Basta, don Juan, que me tienes	
	por necia. Pues, ¿que a mí misma	
	me preguntas esas cosas,	
	y en que las diga porfías?°	insist
	Hante° picado los celos	= te han
25	y quieres por causa mía	
	vengarte del que te ofende.	
	¡Harto donaire° sería!	witticism
	No tienes que preguntarme	
	ni presumas° que me obligas	presume
30	con tus engaños. ¡Pues bastan	
	tus falsas hechicerías!	
	¡Vete con Dios, que me cansas!	
	¡Que rosas y perlas finas	
	para Fenisa las guarda,	
35	a quien con gusto te inclinas!°	favor

DON JUAN	¿Por qué te vas desa suerte?	
	¡Aguarda, señora mía,	
	fénix,[16] cielo, primavera,	
	cuando abril sus campos pisa!	
5	Accidente fue el querer	
	a esa mujer. Mi desdicha°	misfortune
	me obligó a tales locuras.	
	Mas ya el alma arrepentida°	repentant
	a ti, que es su centro, vuelve.	
10 BELISA	¡Tente, don Juan, no prosigas![17]	
	Que parece que es verdad[18]	
	tus palabras, y es mentira,	
	y podrá ser que me venzas;°	winning
	que la mujer más altiva°	proudest
15	rendirá° fuertes de honor,	surrender to
	si acaso escucha caricia.°	sweet talk
	Goza° tu prenda,° que es justo,	enjoy, jewel (= Fenisa)
	que ella misma te castiga,	
	pues te paga con engaños	
20	la verdad con que lastimas.°	offend
DON JUAN	Si a Fenisa no aborrezco,	
	aquí se acabe mi vida,	
	aquí me destruya un rayo,°	lightning bolt
	aquí el cielo me persiga,	
25	aquí me mate mi amigo	
	y con esta espada misma,	
	y aquí me desprecies tú	
	ya que me quiera Fenisa.	
	Dame de amiga la mano,	
30	rosa hermosa, clavellina,°	carnation

---

[16] **fénix** *Phoenix*. Don Juan compares the singular beauty of Belisa to a phoenix, which can only exist one at a time.

[17] Zayas' manuscript, **prosigae** (López-Mayhew 94).

[18] López-Mayhew notes (p. 94) that **verdad** maintains the eight-syllable verse.

	y te la daré de esposo,	
	a tus plantas de rodillas.	
Belisa	¿Cómo te podrá creer	
	quien teme que tu malicia,	
5	como primero, me engaña?	
Don Juan	No digas eso, Belisa.	
Belisa	(*Ap.* ¡Ay, mi don Juan, que en mirarte	
	casi me tienes rendida!)	
Don Juan	Amor te doy por fiador°	guarantee
10	y a tu hermosura divina.	
Belisa	(*Ap.* ¿Qué me dices, pensamiento?	
	¿Qué pides, afición° mía?	affection
	¿Qué me dices, voluntad?	
	Que parece que inclinas,	
15	porque al fin todas las cosas	
	vuelven a lo que solían.	
	(*A* don Juan.) Los ojos se van tras ti;	
	la boca a decir se inclina,	
	mi don Juan, que yo soy tuya,	
20	mientras yo tuviere vida.	
Don Juan	Por este favor te beso	
	las manos, prenda querida.	
	Vamos, mi señora, adentro,	
	que quiero ver a tu prima.	
25 Belisa	Vamos, que ya estoy vengada.	
Don Juan	¿Contenta estás?	
Belisa	Así vivas	
	los años que yo deseo.	
	(*Ap.* ¡Cómo temo tus mentiras!	
30	Mas porque Fenisa pierda	
	la gloria que en ti tenía,	
	vuelvo de nuevo a engolfarme.°)	become involved
Don Juan	(*Ap.* ¡No más engaños, Fenisa!)	
35	*Vanse y salen* Liseo *y* León.	

LEÓN	¿Cansada Laura ya de tus tibiezas°	indifference
	quiere escoger tan recoleta[19] vida,	
	aborreciendo el mundo y sus grandezas?	
5 LISEO	Es Marcia de mi amor prenda querida,	
	y Fenisa adorada en tal manera	
	que [e]stá mi voluntad loca y perdida.	
	Laura ya no es mujer, es una fiera.	
	Mar[ci]a[20] es un ángel, mi Fenisa diosa;	
10	éstas vivan, León, y Laura muera.	
	Marcia está a mis requiebros° amorosa;	flattery
	Fenisa a mi afición está rendida;	
	Marcia será, León, mi amada esposa.	
LEÓN	¡Bueno eres para turco! ¡Linda vida	
15	si con media docena te casaras!	
LISEO	Marcia en eso será la preferida.	
	Tiene hermosura y perfecciones raras,	
	su hacienda,° su nobleza, su hermosura,	wealth
	su raro entendimiento.°	intellect
20 LEÓN	¿Y no reparas°	consider
	ya, señor, que de Laura no te acuerdas,	
	como Fenisa tiene tal locura,	
	que piensa ser tu esposa?	
LISEO	¡No me pierdas	
25	el respeto, borracho,° y me des ira!	drunkard
	¡Lindo, por Dios, 'qué bien templadas cuerdas!°	everything is under control
	León, si yo a Fenisa galanteo,°	court
	es con engaño, burlas y mentiras;	
	no más de por cumplir con mi deseo.	
30	[A][21] sola Marcia mi nobleza aspira;	

---

[19] **recoleta** *recollect*. León asks Liseo about Laura's decision to become a nun.

[20] López-Mayhew notes (p. 96) that Marcia appears as Marica in Zayas' manuscript.

[21] Zayas' manuscript, **eso la** (López-Mayhew 96)

	ella ha de ser mi esposa, que Fenisa	
	es burla.°	game
LEÓN	Acaba y ese papel mira.	
LISEO	¿Qué he de verle, León, si en él me avisa°	inform
	las cansadas quimeras° con que suele?	lies
LEÓN	Tu condición, por Dios, me mueve a risa	
	que te tenga apetito desa° suerte.	= de esa
LISEO	Papel, sólo en mirarte me das muerte. (*Lee.*)	
	"Cansada de sufrir tus sinrazones,	
	y viendo que ya en ellas no habrá enmienda,°	solution
	estoy determinada a cerrar los ojos al mundo,	
	y abrirlos para Dios. Y así hoy me	
	voy a un monasterio fuera de la	
	corte para dejar que goces en	
	ella tus nuevos empleos,° y estorbar°	conquests, impede
	que lleguen a tus oídos nuevas	
	de mi nombre, ni a los míos las de	
	tu libertad." —Laura	
LEÓN	Laura escoge lo mejor.	
	¡Vive el cielo! Que en el alma	
	siento, señor, sus desdichas	
	nacidas de tu mudanza.	
LISEO	Pues yo, León, olvidado	
	por su condición pesada	
	de la obligación que tengo,	
	sus penas estimo en nada.	
	¡Viva mi amada Fenisa,	
	estime mis penas Marcia,	
	y haga de sí lo que dice	
	la ya aborrecida Laura!	
	No haya miedo que la estorbe	
	elección tan justa y santa,	
	que fuera delito feo;[22]	

Line numbers in margin: 5, 10, 15, 20, 25, 30

---

[22] **No haya...** *May she not be impeded from the right and holy choice, as that would be an ugly transgression.*

		hoy para conmigo acaba.	
		Y así este papel y ella	
		quedarán por esta causa,	
		borrados° de mi memoria	erased
5		como escritos en el agua. (*Rómpele.*)	
	LEÓN	¡Tente, señor, por tu vida!	
	LISEO	¡Majadero, allá te aparta!°	idiot, get away from me!
	LEÓN	Pues, ¿por esta niñería	
		me das aquesta puñada?	
10		¿No digo yo que tus manos	
		son dadivosas y francas°	generous and open
		para puñadas y coces?°	blows

Sale Fenisa.

15			
	FENISA	¿Es acaso de la dama?	
		¿Si será tanta crueldad,	
		así sus favores rasgas?	
		¡Coge, León, los pedazos! (*Tírale de la barba.*)[23]	
20	LEÓN	¡Sólo aquesto me faltaba	
		de la ración!° ¡Es por Dios	portion (of his beard)
		la cuenta! ¡Barba borrasca!°	disheveled
		Alterado° sale el mar,	Rough
		tormenta nos amenaza.	
25	FENISA	¡Fino alcahuete° sois vos!	go-between
	LEÓN	¿En qué te ofenden mis barbas,	
		que así a mesarlas° te atreves?	pull them off
		¿He de pagar yo tu rabia?	
		¡Mal haya el lacayo, amén,	
30		cuando en tal oficio anda	
		para excusar estas fiestas,	

---

[23] A nobleman's beard represents his honor and manhood. When Fenisa pulls at León's beard, he considers the gesture as offensive (Hegstrom and Larson 113).

como fraile no se rapa![24]
FENISA (*A* Liseo.) ¡Cuánto diera, vuesarced,° **= vuestra merced**
porque al salir se cegaran ° became blinded
mis ojos y no le vieran! (Fenisa *le golpea a* León.)
LISEO ¡Basta, mi Fenisa, basta!
No te enojes, que por ti,
por tu hermosura y tus gracias,° grace
hoy papel y dueño mueren.[25]
FENISA ¡Aparta, cruel, aparta!
Parida° leona soy recently born
cuando sus hijos le faltan.
Pues es Marcia la que estimas.
¡Déjame y vete con Marcia!
LISEO ¡Ah Circe,[26] ah fiera Medea,[27]
más que Anajáreta[28] ingrata!
Deja a Marcia, no la culpes,
pues que no ha sido la causa.
Coge, ingrata, los pedazos
y en ellos verás que Laura,
mujer que no la merezco
ni con ninguna se iguala,
cansada de mis tibiezas
y de mi rigor° cansada, severity
me dice que a Dios escoge
y de mi rigor se aparta,

---

[24] **para excusar...** *to perform his duties like a long-haired monk.*

[25] **hoy papel...** *today the piece of paper and its ownder are dead.* Liseo informs Fenisa that Laura's letter, which he destroyed, and Laura, who is the owner of the letter, are no longer in his life. Liseo believes that Laura has entered a convent.

[26] Circe was a beautiful but dangerous witch.

[27] Medea was a sorceress who fell in love with Jason. Shortly after killing Jason's bride, she escaped in a chariot drawn by dragons.

[28] Anaxarete refused to reciprocate the love that Iphis felt toward her. Soon after Iphis hanged himself from Anaxarete's gate post, Venus changed Anaxarete into a stone image.

	y a servirle en un convento	
	del mundo engañoso escapa,	
	valiéndose° en tal sagrado	availing herself
	del rigor con que la tratas,	
5	que tú eres la causa desto	
	y de que yo mi palabra	
	quiebre° a Dios, a Laura, al mundo.	break
LEÓN	[*Ap.* ¡Pobre León! ¿Y cuál andas	
	mojicón y remesones,	
10	sin respetar a mi cara?[29]	
	¡Eso sí 'escupamos muelas!°	spit molars
	(*Sálenle algunas a la mano.*)	
	¡Déte Dios tan buenas pascuas°	Christmas
	como regalos me das!	
15	Servid a aquesta tarasca,[30]	
	guardando la calle al tonto,	
	a quien la fingida engaña.]	
FENISA	¿Qué habláis, pícaro, entre dientes?[31]	
	Amiga soy yo de gracias.°	witticisms
20 LEÓN	Mejor dijera entre muelas,	
	pues, ya me has quitado tantas.	
	Una, dos, ¡por Jesucristo!	
	¡Que ya cincuenta me faltan!	
	Mete° los dedos, verás	put
25	que está la boca sin nada.	
FENISA	¡Llegad, pues a fe que os rompa	
	las muelas y las quijadas!°	jawbone
LEÓN	[*Ap.* ¡Ah, triste de ti, León,	

---

[29] **¿Y cuál andas...** *And how dare you punch me and pull at my beard without respect for my face?*

[30] **tarasca** *dragon.* The float of a dragon represented evil and was the antithesis of the Holy Eucharist in Corpus Christi processions.

[31] *Hablar entre dientes* means to mutter. León, in the literal sense, must talk between his teeth because he lost some of his molars when Fenisa hit him.

	desde hoy comeremos gachas!°]	mush
	[*Al público.*] Señores, ¿saben si acaso	
	pues hay quien 'incubra calvas,°	cover bald heads
	habrá quien adobe° muelas?]	repair
5 LISEO	¿Qué es esto, Fenisa amada?	
	¿No merezco que me creas?	
LEÓN	[*Ap.* ¡Ay, 'muelas de mis entrañas!°	my precious molars
	¡Ay, 'quijadas de mis ojos!°]	my sweet jawbone
LISEO	¿Qué es esto, mi bien? ¿No hablas?	
10	¿No basta lo que he jurado?	
	Acaba, no seas pesada.°	difficult
FENISA	Por fuerza habré de creer.	
LEÓN	[*A Liseo.*] No hayas miedo que se vaya,	
	que es doctor que dice no	
15	y luego la mano alarga.°	extends
FENISA	Véncenme° al fin tus porfías.°	conquer, insistence
LEÓN	Gracias a Dios.	
LISEO	No te cansas	
	de matarme, pues tus ojos	
20	con su belleza me matan.	
LEÓN	[*Ap.* ¡Pluguiera[32] a Dios te murieras,	
	y que el diablo te llevara!)	
	[*Al público.*] Ved aquí, ya están en paz,	
	y yo cual° niño que mamá.	= como
25	Así medran° los terceros,	prosper
	desta suerte me regalan.	
	¡Mal haya, amén, el oficio!]	
FENISA	(*A Liseo.*) ¡Qué tibiamente me abrazas!	
	¿Estás también enojado?	
30 LEÓN	[*Ap.* ¡Ah, sirena, cómo encantas!	
	Pues, a fe que yo no llegue,	
	que eres de mano pesada.]	
LISEO	Tiénesme muy ofendido	

---

[32] **Pluguiera**...*May it please.* Zayas' manuscript, **Plubiera** (López-Mayhew 101).

	y así en tus brazos desmaya	
	el amor, mas estoy loco.	
LEÓN	[*Ap.* ¡Mal haya quien no te ata!°]	tie
FENISA	¿Somos amigos?	
5 LISEO	¿Pues no?	
FENISA	¿Y Marcia?	
LISEO	Deja a[h]ora a Marcia.	
FENISA	¿Y a Laura?	
LISEO	¡Por Dios, señora,	
10	si la nombras que me vaya!	
LEÓN	[*Ap.* ¿Hay borrachera como ésta?	
	Entre muelas derribadas	
	retocando° está la risa.	frolicking
	¡Qué de terneza° que gastas!]	sweet, words
15 FENISA	Esta noche voy al prado.³³	
	Allá, Liseo, me aguarda.	
LISEO	¿Dónde?	
FENISA	A la huerta° del Duque³⁴	orchard
	me hallarás, mi bien, sentada.	
20 LISEO	En Santa Cruz° hay gran fiesta.	Holy Cross neighborhood
FENISA	Pues, veréla de pasada.	
	Vete, porque la merienda°	picnic
	a prevenirla° me llama.	prepare it
LISEO	Adiós, dulce dueño mío.	
25 FENISA	Adiós, señor de mi alma.	
LEÓN	Adiós, diablo arañado°	scratching
	y engarrafadora° gata.	clawing
	¡Cata° la cruz! ¡Guarda afuera!	look at
	¡No vuelvo más a esta casa	
30	aunque mirando a la çea!³⁵	

---

³³ **prado** *park.* Popular rendezvous for unwed couples.

³⁴ Francisco de Sandoval y Rojas was the Duke of Lerma (1553-1623) and a trusted advisor to Philip III (1598-1621).

³⁵ According to the *Diccionario de Autoridades*, **çea** is a type of grain. Valerie Hegstrom interprets the word as **fea**, a reference to death (Hegstrom

¡Jura mala en piedra caigas![36]

Vanse Liseo *y* León.

5 FENISA	Gallarda condición, Cupido, tengo;	
	muchos amantes en mi alma caben;°	fit
	mi nuevo amartelar° todas alaben,°	ability to charm, praise
	guardando la opinión que yo mantengo.°	that I share
	Hombres, así vuestros engaños vengo.	
10	Guárdenos dellas necias que no saben,	
	aunque más su firmeza° menoscaben,°	faithfulness, take lightly
	entretenerse° como me entretengo.	entertain
	Si un amante se ausenta, enoja o muere,	
	no ha de quedar la voluntad baldía,°	idle
15	porque es la ociosidad° muy civil cosa.	idleness
	Mal haya la que sólo un hombre quiere,	
	que tener uno solo es cobardía;°	cowardice
	naturaleza es vana y es hermosa.	

Sale Lucía, *criada.*

LUCÍA	Gerardo está allá fuera y quiere hablarte,	
	y Lauro ha más de una hora que te aguarda.	
FENISA	Sean muy bienvenidos. Di, Lucía,	
25	que entre Gerardo y me aguarde Lauro.	
ANTONIO	¿Tanto estimas la vista° destos hombres?	sight
FENISA	Sólo porque me aguardan. ¿No te digo,	
	Lucía, lo que estimo su presencia?	
	Anda, no aguarden; di a Gerardo que entre.	
30 ANTONIO	¡Notable condición, señora, tienes!	
	Mas no te he dicho como, cuando estabas	

---

and Larson 118). I believe that León says here that he would not return to the house even if he were near death.

[36] The deprecating nature of this proverb leads me to interpret León's words as a prayer against Fenisa, whom León considers to be evil.

	hablando con Liseo, vino Celia,	
	la criada de Marcia.	
FENISA	Y bien, ¿qué dijo?	
ANTONIO	Saber la causa por qué estás extraña°	neglectful
5	en visitarla.	
FENISA	No me espanto deso.	

        hablando con Liseo, vino Celia,
        la criada de Marcia.

FENISA   Y bien, ¿qué dijo?

ANTONIO   Saber la causa por qué estás extraña°   neglectful
5   en visitarla.

FENISA   No me espanto deso.
  Bien parece, Lucía, que la ofendo;
  pues nunca he vuelto a verla desde el día
  que le quité a Liseo.

10 ANTONIO   Mal has hecho;
  mucho disimularás° si la vieras.   pretend

FENISA   No tengo cara para ver su cara.
  Demás desto, Liseo me ha mandado
  que cuanto puedo, su vista excuse.
15   ¿Qué le dijiste a Celia?

ANTONIO   Que dormías
  la siesta y que más tarde te vería.

FENISA   Dijiste bien. Pues, ¿cómo no ha venido
  don Juan desde antenoche?

20 ANTONIO   ¿Si está malo?

FENISA   Bien puede ser. Irás a visitarle,
  mas no esta noche, bastará mañana;
  que me quiero ir al Prado aquesta noche.

LUCÍA   Sea como mandares. ¡Bravamente
25   entretienes tu gusto![37]

FENISA   ¡Es linda cosa!
  Los amantes, Lucía, han de ser muchos.

LUCÍA   Así decía mi agüela,° que Dios haya,   = abuela
  que había de ser en número infinitos
30   tantos como los ajos, que p[o]niendo
  muchos en un mortero,°   mortar
  salte aquél que saltare, que otros quedan,
  que si se va o se muere, nunca falte.

FENISA   ¡Brava comparación! Llama a Gerardo,

---

[37] **¡Bravamente...** *You really know how to live!*

que si puedo he de hacerle mi cofrade,[38]
sin que Lauro se escape de lo mismo.

[*Vase* Lucía.]

5

¿En qué parará, amor, tan loco embuste?°   trick
Diez amantes me adoren y yo a todos
los adoro, los quiero, los estimo;
y todos juntos en mi alma caben,
10   aunque Liseo como rey preside.
Estos llamen desde hoy, quien lo supiere,
los mandamientos[39] de la gran Fenisa,
tan bien guardados que en ninguno peca;°   sin
pues a todos los ama y los adora.

15

[*Sale* Lucía.]

LUCÍA   Entrad, que aquí os aguarda mi señora.

20   *Entra* Gerardo.

GERARDO   Alma de aquella alma ingrata
que en penas mi alma tiene,
a ti me vengo a quejar,
25   si de mi dolor te dueles.
A ti, estrella de aquel sol,
a ti, pues su amiga eres,
pido que a mi Marcia ingrata
mi fiero dolor le cuentes.
30   A ti, Fenisa, que miras
contin[u]o su rostro alegre,

---

[38] **cofrade** *brotherhood*. In an effort to legitimize her band of lovers, Fenisa ironically describes it with religious terminology.

[39] Fenisa refers to her lovers as commandments because there are ten of them, who, like the commandments, are well kept.

	porque a mi no quiere oírme,
	a ti que tanto te quiere,
	te escuchará más piadosa.
FENISA	Enternecida me tienes.
5	¿Conoces que Marcia ingrata
	disgusto recibe en verte,
	y que en otro gusto ha puesto
	el gusto que a ti te debe?
	¿Sabes que a Liseo adora,
10	y con él casarse quiere,
	y tú pasas a su causa,
	esa[40] pasión que encareces?° extol
	Mil veces, Gerardo, he dicho
	y tú escucharme no quieres,
15	que padezco° por tu causa suffer
	lo que por Marcia padeces.
	Y por esos ojos juro
	adorarte si me quieres,
	regalarte si me estimas,
20	mirar por tu gusto siempre.
	Que decirle yo a esa ingrata° = Marcia
	que tu cuidado remedie,
	es pedir al sol tinieblas,° darkness
	luz a las tinieblas fuertes.
25	Yo te quiero, señor mío.
	¿Por qué, mi bien, no pretendes
	olvidarla y de mi amor
	recibir lo que te ofrece?
	Sea, mi Gerardo, yo
30.	el templo santo a do° cuelg[ue]s[41] = donde
	la cadena con que escapas
	de prisiones tan crueles.

---

[40] Zayas' manuscript, **ese** (López-Mayhew 106).

[41] This verb appears in the present indicative—**cuelgas**—in Zayas'
manuscript (López-Mayhew 106).

	¡Acaba, dame esos brazos!	
GERARDO	¡Calla, lengua de serpiente!⁴²	
	¡Calla, amiga 'destos tiempos!°	former friend
	¡Calla, desleal, y advierte	

GERARDO

¡Acaba, dame esos brazos!
¡Calla, lengua de serpiente!⁴²
¡Calla, amiga 'destos tiempos!°   former friend
¡Calla, desleal, y advierte
5   que he de adorar aquel ángel!
¡Jamás mi fe se arrepiente
de un ángel, de un serafín!°   seraphim
Con aquesa° lengua aleve°   = esa, treacherous
osas° hablar y yo escucho   dare
10   tal sin contarla mil veces,
por ser mujer Marcia bella,
y deber a las mujeres,
sólo por ella, respeto;
será mejor que te deje.

15

Vase Gerardo.

FENISA

Gerardo, Gerardo, ¡escucha!
¡Óyeme, señor y vuelve,
20   que con aquesas injurias
amartelada° me tienes!   charmed

LUCÍA

Señora, ¿por qué haces esto,
y sin mirar lo que pierdes?

FENISA

Tienes razón. ¡Ay, Lucía,
25   enredo° notable es éste!   deception
¡Traición en tanta amistad!
Mas, discurso sabio, tente,
que no hay gloria como andar
engañando pisaverdes.⁴³

30 LUCÍA   Mira, que Lauro te aguarda.

FENISA   Vamos.

LUCÍA   Temeraria° eres.   shameless

FENISA   Calla, que en esto he de ser

---

⁴² Allusion to the snake that tempted Eve in the Garden of Eden.

⁴³ **pisaverdes** *fops*. Fenisa alludes to the vanity of the men she deceives.

extremo de las mujeres.

Vanse y salen Marcia, Belisa y Laura.

5	BELISA	¡Bravos sucesos, prima, por mi vida!
	MARCIA	Y tales que parecen que las fábulas
		del fabuloso Esopo[44] se han venido:
		Liseo, que mis partes[45] pretendía,
		en la mar de Fenisa sumergido,
10		debiendo a Laura su nobleza y honra.
		Déjalo estar, que si mi poder basta...
	LAURA	¡Ay, Marcia! ¡Ay, mi señora, mi mal mira!
	MARCIA	¡Calla, amiga, no llores! ¡Calla, amiga!
		No has de quedar perdida si yo puedo.
15	BELISA	De don Juan a lo menos, tú no dudes,
		que si quiero casarme aquesta noche,
		ajustará su gusto con el mío.
	MARCIA	¿Ya tan grato le tienes?
	BELISA	Bueno es eso.
20		Dice que ya me adora y que reniega° disowns
		del tiempo que Fenisa y sus engaños
		le tuvieron tan ciego.
	MARCIA	Al fin, te quiere.
	BELISA	Me adora, me requiebra° y pide humilde flatters
25		le perdone el delito cometido
		contra el amor que a mi firmeza° debe. faithfulness
	LAURA	¡Dichosa tú, que tal ventura alcanzas!
	BELISA	Yo espero que has de ser también dichosa.
	MARCIA	Mucho gusto me has dado, así yo viva,
30		pues don Juan te merece, que le quieras,
		para que cuando Laura con Liseo

---

[44] **Esopo** *Aesop*. Aesop was a legendary Greek fabulist and teller of tales from sixth century BC.

[45] Marcia refers to herself as if she were a body of land and Liseo were an explorer. In the next verse, Marcia refers to Fenisa as a body of water.

	se casen, tú y don Juan hagáis lo mismo.	
LAURA	Basta que piensa mi cruel Liseo	
	que eres tú, bella Marcia, la que habla	
	cada noche en la reja.°	grate (of a window)
5 MARCIA	Yo te juro	
	que él caiga de tal suerte, si yo puedo,	
	que en lazo estrecho de Liseo goces.	
	Ya te digo, Belisa a don Juan ama.	
BELISA	Prima, don Juan fue siempre de mi gusto,	
10	y así es fuerza que siga tras mi estrella.	
MARCIA	Sabes, prima, qué siento y que me tiene	
	cuidadosa de ver que no parece	
	el discreto Gerardo; que te juro	
	que me siento en extremo descontenta,	
15	porque viendo, Belisa, los engaños	
	de los hombres de ahora, y conociendo	
	que ha siete años que este mozo noble	
	me quiera, sin que fuerza° de desdenes°	strength, disdain
	hayan quitado su afición tan firme.°	persistent
20	Ya como amor su lance había hecho	
	en mi alma en Liseo trasformada,	
	conociendo su engaño, en lugar suyo	
	aposento° a Gerardo, y así tiene	make room
	el lugar que merece acá en mi idea.°	heart
25 BELISA	¡Oh, prima mía! ¡Oh, mi señora! Dadme	
	en nombre de Gerardo los pies tuyos. (*Arrodíllase.°*)	kneels
LAURA	El parabién te doy, divina Marcia.	
MARCIA	Alza del suelo, mi querida prima,	
	y cree que Gerardo está en mi alma.	
30	Torna° a tu cargo él que se busque y dile	= toma
	que ya el amor, doliéndole su pena,	
	quiere darle el laurel de su victoria,	
	y que el laurel es Marcia. Vamos, Laura.	
LAURA	Vamos, señora mía, y quiera el cielo	
35	que goces de Gerardo muchos años.	

MARCIA	Esos vivas, amiga, con Liseo.
BELISA	¡Dichoso dueño de tu nuevo empleo![46] (*Vanse.*)

	Gracias, Amor, a tus veras,°	truth
	a tu templo, a tu grandeza,	
5	a tu divina hermosura,	
	a tus doradas saetas.°	arrows
	Pues, ya Marcia de Gerardo	
	estima las nobles prendas.	
	¿Hay tal bien? ¿Hay tal ventura?°	good luck
10		

Sale don Juan.

DON JUAN	Mi bien, mi ventura sea	
	ver, mi Belisa, tus ojos,	
15	en cuyas niñas [r]isueñas[47]	
	vengo a gozar de mi gloria.	
BELISA	Don Juan, bienvenido seas	
	¿Cómo estás?	
DON JUAN	Como tu esclavo.	
20 BELISA	¿Y cómo estoy?	
DON JUAN	Como reina	
	de mi alma, de mi vida,	
	y de todas mis potencias.°	powers
BELISA	Y Fenisa, mi señora,	
25	¿no me dirás cómo queda?	
DON JUAN	Sí, amor, es que a tu pregunta	
	es muy justo dar respuesta.	
	Habrá, mi Belisa, una hora	
	que estando en mi casa llega	
30	Lucia, que de Fenisa	
	sabes que es fiel mensajera,	
	a decirme que en el Prado	

---

[46] **Dichoso...**_Lucky owner of your new sentiments._

[47] **[r]isueñas** *smiling*. This word appears as **visuenas** in Zayas' manuscript (López-Mayhew 109).

en medio d[e]⁴⁸ su alameda°   poplar grove
su señora me aguardaba
que allí me llegase a verla.
Yo fui, no por ofenderte,
5   sino sólo porque° seas   = para que
de todo punto mi dueño,
que aun faltaba esta fineza.°   favor
Apenas vi las murallas
de la celebrada huerta,
10   que hizo a la real Margarita⁴⁹
el noble Duque de Lerma,
cuando vi, mi Belisa,
con Fenisa, esa Medea,
a Lauro, aquese mancebo
15   que con Liseo pasea.
Como ya el señor de Delfo⁵⁰
daba fin a su carrera,
y la luna sale tarde,
pude llegarme bien cerca.
20   Oíles° dos mil amores,   = les oí
y de sus palabras tiernas,
conocí amor en el uno,
y en la otra 'falsas tretas.°   lies
Quise llegar, no son celos,
25   mi Belisa, sino tenía
más; estorbólo Liseo,
que venía en busca della
y con él venía León,
y sacando la merienda
30   merendaron, viendo yo
hacerse dos mil finezas.°   niceties

---

⁴⁸ Zayas' manuscript, **du** (López-Mayhew 110).

⁴⁹ Margarita de Austria (1584-1611) was the wife of Philip III (1598-1621) and queen of Spain.

⁵⁰ **Delfo** *Delphi*. Delphi was the location of Apollo's oracle.

Ellos eran tres, yo solo,
y así estar quedo° fue fuerza,   = quieto
si bien la cólera[51] andaba
riñiendo con la paciencia.[52]
5   Como digo, merendaron
y poco a poco dan vuelta
ellos en su compañía,
yo en su retaguardia° della.   behind
Antes que a casa llegasen,
10   veinte pasos de su puerta
los despidió que su madre
siempre por coco la enseña.
Así a la calva el copete[53]
y fingiéndole ternezas,
15   llegué diciendo, "Fenisa,
vengas muy en[h]orabuena."
Fueme a decir, "mi don Juan,";
yo entonces, la mano puesta
en la daga, quise dalle.°   = darle
20 BELISA   ¡Alma y corazón me tiembla[n].
      ¿Dístela?°   = la diste
  DON JUAN   Túvome° el brazo,   = me tuvo
conocer que eras mi prenda,°   jewel
y que te han de dar la culpa,°   blame
25   sin que tú la culpa tengas.
  BELISA   Bien hiciste, que es crueldad,

---

[51] Zayas' manuscript, **cólera**. According to classical medical doctrine, the food a person eats is converted into liquid substances. These substances are known as the "four humors:" melancholy, phlegm, blood and choler. The presence of choler predisposes a person to anger. Adrienne Lasker Martín, *Cervantes and the Burlesque Sonnet* (Los Angeles: University of California Press, 1991), 66. Don Juan feels anger upon seeing Fenisa, Lauro and Liseo.

[52] Zayas' manuscript, **pasençia** (López-Mayhew 111).

[53] **siempre por coco...** *her mother always taught her to cover herself like a hairpiece covers a head.*

	y a las mujeres de prendas
	les basta para castigo
	no hacer, don Juan, caso dellas.
Don Juan	Dejé sangrientas venganzas,°
5	y para mayor afrenta

Don Juan   Dejé sangrientas venganzas,°   revenge

               y a las mujeres de prendas
               les basta para castigo
               no hacer, don Juan, caso dellas.

Don Juan   Dejé sangrientas venganzas,°   revenge

5   y para mayor afrenta
               con la mano de su cara
               saqué por fuerza vergüenza,
               diciendo: "¡Así se castigan
               a las mujeres que intentan

10   desatinos° semejantes   absurdities
               y que a los hombres enredan!"°   deceive
               Y siguiendo tras Liseo,
               le hallé y metí en una iglesia,
               y le conté este suceso

15   con razones bien resueltas.
               Esto ha pasado, señora,
               y pues ya Fenisa queda,
               como merece, pagada.
               Seré tuyo hasta que muera.

20 Belisa   ¿Es posible[54] que esto has hecho?
               Es mujer, al fin me pesa,
               que no hiciera estas locuras,
               mi don Juan, si se entendiera.[55]
               Don Juan,[56] ninguna mujer,

25   si se tiene por discreta
               'pone en op[i]nión[57] su honor,

---

[54] This word appears as **pusible** Zayas' manuscript (López-Mayhew 112).

[55] **que no**...*she would not do those crazy things, my Don Juan, if she were aware of the consequences.*

[56] López-Mayhew notes (p. 113) that the verses that begin here and end with **soy tuya** are attributed to Don Juan. These verses, however, do not make sense when spoken by a man.

[57] **Op[i]nión**...*exposes to gossip.* Zayas' manuscript, **openión** (López-Mayhew 113).

siendo joya a que se quiebra.
Pues si lo fuera Fenisa,
esos engaños no hiciera,
pues al fin pone su fama
5   en notables contingencias.°   risks
Nunca me quiso creer,
siempre dije que no es buena
la fama con opiniones,
a su° condición paciencia.   = Fenisa's
10   Ya es hecho, y por los deseos
con que por vengarme, fuerzas
el amor que la tuviste,
darte mil mundos quisiera.
Mas pues soy pequeño mundo,
15   corona dél tu cabeza,
que con darte aquesta mano,
soy tuya.

DON JUAN   Gloria como ésta
sólo con Marcia es razón°   fitting
20   que se goce.

BELISA   Y será prueba
del oro de tu afición
de mi prima la presencia,
y contarásle ese cuento,
25   que con donaire° le cuentas.   elegance

DON JUAN   Tú me prestas de los tuyos.
Vamos, Belisa.

BELISA   Quisiera
que buscaras a Gerardo,
30   porque mi prima desea
tratar con él ciertas cosas
de importancia.

DON JUAN   Mi bien, entra
y diráse por los dos

"lo de César darlo a César."[58]

(Vanse, con que se da fin a la Segunda Jornada.)

---

[58] **"lo de César...** *"Then repay to Caesar what belongs to Caesar and to God what belongs to God."* Allusion to Jesus' words to the Pharisees and the Herodians in Matthew 22:21 when they asked Jesus if it was unlawful to pay tribute to Caesar. Don Juan believes that he pursue a relationship with Belisa because they deserve each other (Hegstrom and Larson 137).

Jornada Tercera

Sale Laura, *sola.*

LAURA	¿Qué pecado° he cometido°	sin, committed
	para tan gran penitencia?°	penance
	¿Por qué acabas mi paciencia,	
	celos,° verdugo° atrevido?	envy, executioner
	Dime ¿qué es esto, Cupido?	
	¿Qué gente metiste° en casa,	allowed in
	que en fiera llama° me abrasa?°	flame, burn
	Basta, mi amor, la tuya;°	= **llama**
	no sé qué diga ni arguya	
	de tu condición escasa.°	stingy
	Recibíte en mi posada	
	por verte niño y desnudo,	
	ya 'mi libertad la mudo°	I sacrificed my freedom
	con ser de mí tan amada.	
	Dite la casa colgada°	adorned
	de muy rica colgadura,°	tapestries
	dite cama de ternura°	tenderness
	y colchones° de afición°	mattresses, affection
	y mandéle a la ocasión	
	que de ti tuviese cura.°	care
	Ha dos días que aquí entraste,	
	sin mirar que hüesped° eras	guest
	y de mi afición las veras,	
	con Ausencia¹ te casaste.	
	Toda la casa ocupaste	
	con sus penas y tormentos	
	que son de ausencia allegados,°	followers

---

¹ **Ausencia...***Absence.* Laura speaks here of Liseo's interest in other women.

hijos, parientes, criados,
que jamás están contentos.
Celos, ¿qué tienes conmigo?
¿Por qué me tratas tan mal?
5   Bástete verme mortal.
¡Déjame, fiero° enemigo!   fierce
¡Qué rigor es, qué castigo
es éste en que estoy metida!
Ya qu[e] estoy muerta y rendida,
10   ¿para qué contra mí espadas
en tu rigor afiladas,°   sharpened
con que me quitas la vida?

Sale Felis.

15

FELIS   ¿No sabes lo que pasa?
LAURA   ¡Ay, Felis mío,
el corazón y el alma me has turbado!
Que en tu cara te veo que las nuevas°   news
20   que me vienes a dar no son de gusto.
FELIS   [Liseo] se ha casado con Fenisa.
LAURA   ¡Ay de mí, desdichada!° ¡Ay de mí, triste!   unfortunate
¡Esta sospecha misma es la que siempre
me atormentaba el alma! (*Desmáyase.*)
25 FELIS   Desmayóse.
¡Ah, Laura! ¡Ah, mi señora! ¡Celia, Claudia!
¡Llamad a Marcia presto! ¡Qué se muere
la desdichada Laura!

30   *Sale* Belisa.

BELISA   ¿Qué es esto, Felis? ¡Laura, Laura mía!
LAURA   ¡Ay, Belisa!
BELISA   ¿Qué tienes?
35 LAURA   Muerte, rabia,°   rage

cuidados, ansias y tormento, celos,
cuyo dolor por sólo que se acabe,
será pasarme el pecho el más piadoso°   merciful
remedio. ¡Ay, mi Belisa! ¡Ay, que se acaba
5   la 'mal lograda° vida que poseo!   ill-fated
BELISA   ¿Qué tiene Laura, Felis?
FELIS   ¿Ya no dice
que tiene celos, cuyo mal rabioso°   furious
causa esas bascas° como al 'fin veneno?°   nausea, poisonous
10   BELISA   ¿Celos? Acaba, dímelo.   death
FELIS   Ha sabido
que Fenisa y L[i]seo² anoche fueron
a tomarse las manos a la audiencia°   in the presence
del vicario.°   vicar
15   BELISA   ¡Jesús, y qué mentira!
Eso no puede ser. ¿No sabes, Laura,
lo que pasó a Fenisa con Liseo
y don Juan? No lo creas. Calla, amiga.
LAURA   ¡Ay, Belisa del alma! ¡Ay, que me acabo!
20   BELISA   No llores, no maltrates esos ojos.
Guárdalos para ver a tu Liseo
en tus brazos, pues ha de ser tu esposo.

Sale Gerardo.

25

GERARDO   ¿Está mi Marcia aquí?
BELISA   Señor, Gerardo,
seáis muy bienvenido.° Vamos, Laura,   welcome
y llamaré a mi prima.
30   LAURA   ¡Ay, santos cielos,
qué rabioso mal es el de celos!

Vanse Laura y Belisa, *y sale* Marcia.

---

² The word appears as **Leseo** in Zayas' manuscript (López-Mayhew 117).

GERARDO	Dueño del alma mía,	
	a darme gloria bienvenida seas;	
	de mi gusto alegría,	
	prenda del corazón que ya hermoseas,°	make beautiful
5	hermosísimos ojos	
	más bellos que los rayos del sol rojos,	
	goce° yo de tus brazos	may enjoy
	amar mi cuello tan dichosos lazos.°	ties
MARCIA	Dulce Gerardo amado,	
10	del alma gusto y de mi gusto empleo,	
	pues tan dichosa he estado,	
	gozo teniendo en ti todo el deseo.	
	Con mis brazos recibo	
	el cuerpo amado en quien por alma vivo,	
15	y tan eternos sean	
	como las almas de los dos desean.	
GERARDO	Este bien que poseo	
	teme perderle mi contraria° suerte,	unfavorable
	y así, mi bien, deseo	
20	que, estando como estoy venga° la muerte,	may come
	pues muriera dichoso°	happy
	entre mis brazos este cuerpo hermoso.	
	¡Ay, divina señora,	
	tus pasados rigores temo ahora!	
25 MARCIA	Si por haberte sido	
	en los tiempos pasados rigurosa,	
	te temes de mi olvido,°	rejection
	no, señor, ya mi bien es otra cosa;	
	ya conozco que gano	
30	en darte como esposa aquesta mano.	
	No temas más enojos.	
GERARDO	Alza a mirarme aquesos dulces ojos.	
	Haga eterno los cielos,	
	esposa amada, este dichoso lazo,	
35	no le adelgace° celos,	diminish

	ni le rompa el mortal y duro plazo.	
MARCIA	Yo la que gano he sido.	
GERARDO	Yo, mi bien, en ser de ti querido.	
MARCIA	'Venturosos amores.°	love is bliss!
5 GERARDO	Yo lo soy en gozar estos favores.	
	Si mil almas tuviera,	
	todas, dulce señora, en ti empleara.	
	Si rey del mundo fuera,	
	el cetro° y la corona° te entregara;	scepter, crown
10	si fuera justa cosa,	
	mi diosa, fueras mi querida esposa,	
	quisiera ser Homero[3]	
	para cantar que por amarte muero.	
MARCIA	Para sólo mirarte	
15	quisiera de Argos[4] los volantes° ojos.	roaming
GERARDO	Yo para regalarte	
	y darte de riquezas mil despojos,°	spoils
	ya que tal bien poseo,	
	que el oro fuera igual a mi deseo.	
20 MARCIA	Pues yo ser sol quisiera	
	para darte los rayos de mi esfera,°	realm
	de todo ser° señora	world
	para hacerte de todo rico dueño,	
	por recrearte° aurora.°	transforming you, dawn; pledge
25 GERARDO	Yo para darte gusto mi fe empeño,°	
	dulce amor, que quisiera	
	ser la fértil y hermosa primavera,	
	tierra para tenerte	
	y cielo para siempre poseerte.	
30		

---

[3] Homer was a Greek poet born in the eigth century BC to whom is attributed the *Iliad* and the *Odyssey*.

[4] Argus was a monster with a hundred eyes whom Hera, Zeus' wife, asked to guard a cow that, in reality, was Zeus' mistress Io. Hermes, the messenger of Zeus, lulled Argus to sleep and slayed the monster.

Sale *Felis*.

FELIS	A llamarte me envía	
	divina Laura, Marcia, mi señora,	
5	porque hablarte quería,	
	que de venir Liseo es ya la hora.	
MARCIA	Vamos, Gerardo amado;	
	remediemos° a Laura su cuidado.°	let us help, worry
FELIS	Fortuna, est[á]te queda	
10	y no des vuelta a tu inconstante° rueda.⁵	capricious

Vanse y sale *Liseo*.

LISEO	Vengativo eres, Amor;⁶	
15	no hay quien contra ti se atreva.	
	Desdichado del que prueba	
	de tu venganza y furor.	
	Dejé a Laura que me amaba,	
	traté a Marcia con engaño,	
20	y todo sale en mi daño,	
	pues ya mi fingirte acaba.	
	Pues Fenisa más ingrata	
	que Medusa y más cruel,	
	aprieta° tanto el cordel°	tightens, rope
25	que con tal rigor me mata.	
	¡Oh, Laura, tus maldiciones°	curses
	me alcancen, pues sin razón	
	traté tan mal tu afición,	
	olvidando obligaciones!	
30	¡Ay, Fenisa fementida,°	lying
	más taimada° y embustera!°	cunning, deceitful

---

⁵ The Wheel of Fortune is a symbol of destiny and fate. Once it is set in motion, it cannot be reversed. Felis does not want the fate of the other characters to take a turn for the worst (Hegstrom and Larson 147).

⁶ Zayas' manuscript, **amor** (López-Mayhew 119)

¡Oh, si Marcia lo supiera
te castigara, atrevida!
¡Con qué gusto me engañaba!
¿Hay más extraño fingir?
5   Casi me mueve a reír
ver el engaño en que estaba.
Si Laura no hubiera dado
santo fin a su afición,
cumpliera° mi obligación   fulfill
10   a su firmeza obligado.
Ya, pues, Laura se acabó;
será Marcia mi mujer,
cuyo entendimiento y ser
'con extremo me agradó.°   pleased me enormously
15   El reloj da, doce son;
en cuidado me ha metido,
viendo como no ha salido
a esta hora a su balcón.
Mas, ¿si sabe alguna cosa?
20   que ya me ha dicho Fenisa
que don Juan ama a Belisa,
de mi Marcia prima hermosa.
Mas ya veo en el balcón
que mi sol hermoso sale.
25   Alma, adelántate y dale
nuevamente el corazón.

Salen a la ventana Marcia *y* Laura.
Marcia *finge° ser* Belisa.   pretends
30   [Laura *finge ser* Marcia.]

MARCIA.   ¡Ten ánimo, prima amada!
Deja esos cansados celos,
que antes de mucho los cielos
35   te harán de todo vengada.°   avenged

Laura	¡Ay, Marcia!
Marcia	¡Jesús! ¿Qué dices?
	Belisa me has de llamar.
Laura	Estoy tan triste que hablar
5	no puedo.
Marcia	Mucho desdices°
	de quien eres. ¿Qué es aquesto?
Liseo	Marcia mía, ¿cómo estás?
	Habla, mi bien, que jamás
10	en tal confusión me has puesto.
	¿Qué es ésto? ¿Callando quieres
	aumentar más mi cuidado?°
Marcia	Lisonjas° has estudiado,
	bien lo dices, lindo eres;
15	a Marcia habemos tenido
	por saber cierto cuidado
	tuyo, que lástima ha dado
	verla, una hora 'sin sentido.°
Liseo	¿Cuidado mío, Belisa,
20	cuando el alma vive en ti?
	¡Ay, Dios! Si sabe ¡ay de mí!
	la voluntad de Fenisa;
	matarme será favor.
Marcia	En desdichas semejantes,
25	nunca matan los amantes,
	que es padre piadoso Amor.
Liseo	Marcia mía ¿qué pretende°
	tu crueldad? Dime tu pena,
	que mi voluntad y espada
30	sabrán vengarte.
[Marcia][7]	No enfada,
	que es padre que al hijo ofende.

belittle

pain

flattery

unconscious

is the purpose

---

[7] López-Mayhew (p. 122) notes that Belisa is listed here as the character who speaks. Of course, as López-Mayhew also notes, Belisa is not in this scene. Marcia pretends to be Belisa.

LAURA	Cansada barca mía,	
	pues ya a seguirte la tormenta empieza,	
	y tan sin alegría	
	surcando° vas por mares de tristeza.	plowing
5	Despídote del puerto	
	en quien pensaste descansar muy cierto,	
	y dile, "Adiós, ingrato,	
	que no puedo sufrir su falso trato."	
	De tus falsos engaños	
10	me alejo, desleal,° no quiero verte;	traitor
	y en la flor de mis años	
	quiero rendirme° a la temprana muerte.	surrender myself
	Sigue tras tus antojos°	whims
	por quien son ríos de llorar mis ojos,	
15	que yo pienso dejarte	
	y recogerme a más segura parte.	
	Tirano, no son celos,	
	aunque pudiera dármelos Fenisa,	
	no quiero más desvelos.°	headaches
20	Vamos, prima, de aquí vamos, Belisa.	
LISEO	Marcia divina, escucha.	
LAURA	[Laura *finge ser* Marcia.] No puedo, falso,	
	que mi pena es mucha.	
LISEO	Así tus años goces	
25	que no te aflijas,° llores ni des voces.	suffer
LAURA	¡Cierra esa infame boca,	
	que no es quimera,° no, traidor, mi queja!	illusion
MARCIA	(*Ap.* Está de pena loca.)	
	Prima querida, esas razones deja.	
30	¡Basta, por vida mía!	
LAURA	¡Déjame, prima, aparte desvía!°	move aside
LISEO	¡Ea, mi cielo, acaba,	
	que miente quien te ha dicho que la amaba!	
LAURA	¡Aquesa ingrata° veas	ingrate = Fenisa
35	hacer favores a quien más te ofende!	

'De ella olvidado seas.°   *may she forget you*

LISEO   Hermosa Marcia, mi disculpa entiende.

LAURA   Y cuando más te quiera,

muerte cruel entre tus brazos muera,

5   y si es aborrecida

en tu poder, alcance larga vida. (*Vase.*)

LISEO   Tenla,° hermosa Belisa.   *stop*

MARCIA   No la puedo tener, que va furiosa.

LISEO   ¡Oh, mal hayas, Fenisa!

10   Que así estorbes° mi suerte venturosa!   *impede*

MARCIA   Bien dijo quien decía,

mal haya la mujer que en hombres fía.

LISEO   Belisa, mortal quedo.

MARCIA   ¿En qué vendrá a parar tan loco enredo?°   *deception*

15   Una mujer celosa

es peor que 'la víbora atizada,°   *a viper that is agitated*

pero haz una cosa,

si quieres que yo pueda confiada

tratar aquestas paces,°   *peace*

20   y decirla el favor° que tú la haces.   *affection*

Promete ser su esposo

y amansarás° su rostro desdeñoso,°   *soften, scornful*

en un papel firmado

en que diga, "Prometo yo, Liseo,

25   por dejar confirmado

con mi amor y firmeza mi deseo,

ser, señora, tu esposo,

pena de que me llamen alevoso,"°   *treacherous*

con que podré segura

30   hacer por ti lo que amor procura.

LISEO   Sí, hiciera, mas ahora,

¿cómo podré escribir eso que pides?

'Da una traza,° señora,   *help me to find a way*

pues tu favor° con mis deseos mides.°   *assistance, helps*

35   MARCIA   Allégate° a la puerta,   *come*

	que por servirte al punto será abierta.	
	Enviaréte un criado,	
	mientras veo si Marcia se enternece,	
	y te dará recado	
5	para que escribas. Pues tu suerte° te ofrece	fate
	que dichoso poseas	
	en matrimonio la que más deseas.	
LISEO	Ve, señora, al momento,	
	que no me da mi pena sufrimiento.	
10		

Vase Marcia *y sale* León.

LEÓN	¡Gracias a Dios que te hallo!	
	Por Dios, que vengo molido.°	beaten-up
15	¿Hay quién me socorra° acaso	rescue
	con algún trago de vino?	
	Sudando° estoy, ¿no me ves?	sweating
	Tienta,° que por Jesucristo,	look
	que no he parado hasta tarde	
20	buscándote, señor mío.	
	¡Vál[g]ame Dios lo que anduve!	
	No he dejado, por Dios vivo,	
	tabernas° ni bodegones°	taverns, wine shop
	donde no entrase mohíno.°	annoyed
25	Preguntaba en las despensas,°	pantries
	"Señores, ¿acaso han visto	
	entre los cueros° honrados	wineskins
	un amo que yo he tenido?"	
	Llegué a casa de Fenisa,	
30	y halléla 'con tanto hocico,°	in such a bad mood
	tanto que en sólo mirarla	
	dos muelas se me han caído;	
	que éstas solas me quedaron	
	de cuando… ¿Qué estás mohíno?	
35	Parece que no te agrado	

con estas cosas que digo.
No me habló y llegué a Lucia,
antiguo cuidado mío,
y miróme carituerta°   cockeyed
5   y con el rostro torcido;°   twisted
al cabo de mil preguntas,
muy enojada me dijo
que don Juan a su señora…
¿Has el suceso sabido?
10 ¿También estás enojado?
Si quieres al atrevido
que entre los dos le paguemos
el merecido° castigo,   deserved
vamos, que yo le daré,
15 pues hizo tal desatino,°   folly
lo que merece. ¿Hay tal cara?°   nerve
[*Ap. al* público. ¡Miren qué ceño° maldito!]   frown
¿Acabase el mundo acaso?
¿Es venido el Antecristo?
20 Que vive Dios, que pareces
hoy al 'miércoles corvillo.°   Ash Wednesday
¡Jesús mil veces! ¿Hay tal?
¿Has el juicio° perdido?   sanity
¿Qué tienes?
25 LISEO   ¡Ay, mi León!
LEÓN   ¡Ay, Jesús, y qué suspiro!
Dios me ha hecho mil mercedes°   favors
de estar en la calle.
LISEO   Amigo,
30 ¿por qué causa? Que la casa
con él se hubiera caído.
LEÓN   ¿Qué tienes? ¿Has hecho acaso
algún terrible delito?°   crime
¿Búscate algún alguacil?
35 ¿viene el día del Juicio?°   judgment

LISEO	¡Ay, León! ¡Ay, fiel criado!
	Muerto soy; yo soy perdido.
LEÓN	¡Ay, señor de mis entrañas,
	que me has quitado el sentido!

5   ¿Perdido? No, que aquí estás;
             ¿muerto? Yo te veo vivo.
             Yo no sé lo que te tienes;
             ¿dónde está tu regocijo?°   joy

LISEO   Ya, León, ya se acabó.

10   Ya soy con todos malquisto.°   detested

LEÓN   Si acaso has dicho verdades,
             no me espanto, que este siglo
             la° aborrece en todo extremo.   **= verdad**

LISEO   Marcia, León, ha sabido

15   la gran traición de Fenisa
             y mi altanero° sentido;   arrogant
             y más brava que leona,
             dos mil injurias me ha dicho,
             y sin oírme disculpa

20   de aquí furiosa se ha ido.

LEÓN   ¿Eso es no más? ¡Lleve el diablo
             tus terribles desatinos!
             ¡Vive Cristo! Que en las calzas
             he criado palominos.[8]

25   [*Al* público. ¡Miren qué traición al rey!°]   king of the deceivers
             ¡Por Dios santo, que me río!

LISEO   Calla, pues eres mentecato.°   idiot

LEÓN   Dime, ¿dónde está tu brío?°   determination
             Hay mil mozas en la corte,

30   entre quince y veinte y cinco,
             que sólo porque las quieras
             'te traerán siempre en palmitos.°   they will always treat

---

[8] **en las calzas. . .** *I am crapping in my pants. Palomino* here has two meanings. Its colloquial meaning, which León utilizes here, is an excremental stain. Its other meaning is young pigeons.

LISEO	Aquesta sola, León,	you well
	es la que quiero y estimo.	
LEÓN	Y si te doy un remedio,	
	¿qué me darás?	
5 LISEO	Cuanto estimo,	
	cuanto yo tengo y poseo,	
	y el [a]naranjado vestido.	
LEÓN	Pues sabe que una mujer,	
	de 'aquestas que chupan niños,°	wet nurses
10	me dio para cierto caso	
	una receta de hechizos.	
	No sirvió porque mi moza	
	muy arrepentina° vino	repentant
	a rogarme una mañana	
15	con dos lonjas° de tocino.°	slices, bacon
	Guardéla con gran cuidado	
	aquí en aqueste bolsillo.	
	Sal acá.	
LISEO	¿No apareció?	
20 LEÓN	Sí, ¡los cielos sean benditos!	
	¿Quieres oírla?	
LISEO	¡Ay, León,	
	si aprovechara te digo!	
LEÓN	Claro está que yo la di	
25	en cierto caso a un amigo,	
	que su mujer padecía°	was suffering
	mal de madre, y ella hizo	
	y vio milagros con ella.	
LISEO	¿Hay tan cruel desatino?	
30	Pues, si es para enamorar,	
	¿cómo sanarla ha podido?	
LEÓN	Eso es ello, que es tan fuerte	
	que aunque le costó infinito,	
	al fin sanó la mujer.	
35	Porque el ensalmo° es divino.	incantation

LISEO Dila, aunque me cueste un mundo.
LEÓN Pues, está atento un poquito.
¡Ay, Dios, si te aprovechase
porque° me des el vestido! **= para que**
Un corazón de araña° al sol secado° spider, dried
y sacado en creciente° de la luna, crescent
tres vueltas de la rueda de fortuna
cuando tenga a un dichoso levantado.
Esto ha de ser con gran primor° mojado skill
en el licor° de aquella gran laguna,° liquid, lake
donde por ser Salmazis[9] importuna,° troublesome
fue Eco[10] en hermafrodito trocado.
En sangre de Anteón[11] muy bien cocido,
revuelto en quejas de los ruiseñores,° nightingales
y entre pelos de ranas[12] conservado.
Cuando fueras tratado con olvido,
sahuma° con aquesto a tus amores bathe
y serás de tus penas remediado.
LISEO ¡Vive Dios, que estoy por darte
cien coces!° Cuando mohíno blows
me ves, me cuentas alegre
tan terribles desatinos;
cuando estoy desesperado

---

[9] Salmacis was the nymph of the spring of the same name in Asia Minor. Upon embracing Hermaphroditus, with whom she had fallen in love, Salmacis asked the gods that they never be separated. The gods placed both of them in one body, and, according to legend, anyone who bathes in the same spring will become a hermaphrodite.

[10] Echo fell madly in love with Narcissus, but due to a curse placed upon her by Hera, Echo was only capable of speaking the last words Narcissus or anyone else spoke to her. León mistakenly states that Echo became a hermaphrodite.

[11] Antaeus was a giant who challenged others to wrestle him on the condition that he would kill him if he won.

[12] In Spanish the expression *cuando las ranas críen pelo* is equivalent to the English expression "when hell freezes over."

	dices…	
LEÓN	¡Vive Dios! ¿Que he sido	

      dices…

LEÓN   ¡Vive Dios! ¿Que he sido
en todas las ocasiones
muy desgraciado contigo?
5   Entreténgote y te pesa.
¿No sabes que los hechizos
tiene la misma virtud
que en esta memoria° has visto?   story
Cuando es uno desdichado
10   en todo tiene prodigios.
Verá el diablo, por qué tanto
me veo ya despedido,
de vestirme como Judas,
de aquel vestido amarillo.[13]
15

Sale Belisa *a la puerta.*

BELISA   ¡Ce,° Liseo!   psst
LISEO   ¡Norte mío![14]
20 BELISA   Que lo soy cierto confío;
entra y escribe.
LISEO   Ya voy,
tu esclavo soy.
LEÓN   No entiendo tu desvarío,°   delirium
25 entraste, pues yo me voy.
que con calentura° estoy;   fever
después que entro en una ermita,[15]
ya aquesta pasión se quita
con dormir. (*Vase.*)

---

[13] León refers to the orange suit Liseo promised to give him earlier as yellow. In the Middle Ages, the colors yellow and green symbolized the devil.

[14] Liseo refers to Belisa as a compass, because he hopes that she will help him "find his way" to Marcia.

[15] León's *ermita*, or hermitage, is in reality a tavern.

LISEO	De Marcia soy.
	Di, Belisa, ¿qué hace a[h]ora?
BELISA	¿Quién?
LISEO	Mi Marcia.
BELISA	Gime° y llora

moan

tu engañoso proceder.°

behavior

LISEO	En ella mi alma adora. (*Vase.*)
BELISA	Laura será tu mujer,
	aquí en tu fe deudora,
	que si engañando has vivido
	y de ti engañada ha sido,
	hoy tu engaño pagarás,
	y por engaño serás,
	a tu pesar,° su marido.

5

10

disappointment

15

Vase Belisa *y salen* Fenisa y Lucía.

LUCÍA	Como te cuento, he sabido
	este caso.
FENISA	Al fin don Juan
	es de Belisa galán
	y por ella le he perdido.
LUCÍA	Días y noches está
	entretenido en su casa,
	señal que a su amor le abrasa
	y que olvidándote va.
FENISA	Cuando antenoche le vi
	tan vengativo y furioso
	no le culpé por celoso
	y porque la causa fui.
	Mas viendo que no ha tornado,°
	conozco que fue venganza,
	y más era su mudanza°
	que su grande desenfado.
	Belisa lo mandaría°

20

25

30

returned

unfaithfulness

35

must have ordered

		y por eso se atrevió.
	LUCÍA	Eso no lo dudo yo.
	FENISA	No hay que dudar, mi Lucía.
		Ya parece que Cupido
5		ofendido de mí está,
		y a todos mandando va
		que me traten con olvido.
		Tres días ha que Liseo
		ni me visita ni escribe,
10		don Juan con Belisa vive,
		y sola males poseo.
		Don Juan con Belisa amigo,
		habiendo por mí olvidado
		su amistad.
15	LUCÍA	Caso pesado
		de tu condición castigo,
		pues del amor te burlabas
		y a tu servicio admitías
		a todos cuantos querías,
20		puesto que a ninguno amabas.
	FENISA	¿A ninguno? ¡Por los cielos!
		Que a todos quiero, Lucía;
		a todos juntos quería,
		si no, míralo en mis celos.
25	LUCÍA	Pues no te osaba decir
		cómo ya Marcia y Liseo
		se gozan.
	FENISA	¡Ay de mí! ¡Qué creo
		que estoy cerca de morir!
30		¡Marcia y Liseo! ¿Hay tal cosa?
		¿Y Belisa con don Juan?
		Bien concertados° están. (*Llora.*)
	LUCÍA	'Ella es historia donosa.°
		No llores.
35	FENISA	¡Yo he de vengarme!

joined together

what a story

　　　　　　Lucía, no hay que tratar;
　　　　　　yo los tengo de matar.
　　　　　　No tienes que aconsejarme.
LUCÍA　　　¿A todos?
5　FENISA　　　　　　　A todos, pues.
LUCÍA.　　　¡Jesús!
FENISA　　　　　　　¡No te escandalices!
LUCÍA　　　¡Mira, por Dios, lo que dices!
FENISA　　　¡Calla! Y lo verás después.
10　　　　　Dame mi manto,° Lucía,　　　　　　cloak
　　　　　　y toma el tuyo, que quiero
　　　　　　ver a Liseo la cara.
LUCÍA　　　Míralo mejor primero,
　　　　　　y no te arrojes, por Dios,
15　　　　　que el daño después de hecho°　　　done
　　　　　　aunque quieren remediarle,
　　　　　　no tiene ningún remedio.
FENISA　　　Trae los mantos, esto pido,
　　　　　　que no te pido consejos,
20　　　　　porque tal estoy, Lucía,
　　　　　　que ya no son de provecho.°　　　beneficial
LUCÍA　　　Con todo, quiero pedirte
　　　　　　que escojas uno de aquestos,
　　　　　　y no traigas tantos hombres
25　　　　　danzando tras tu deseo.
FENISA　　　Es imposible, Lucía,
　　　　　　proseguir, que es desvarío°　　　delirium
　　　　　　quererme quitar a mí
　　　　　　que no tenga muchos dueños.
30　　　　　Estimo a don Juan, adoro
　　　　　　a mi querido Liseo,
　　　　　　gusto de escuchar a Laur[o],[16]
　　　　　　y por los demás me pierdo.
　　　　　　Y si apartase de mí

---

[16] Lauro appears as Laura in Zayas' manuscript (López-Mayhew 133).

		cualquiera destos subjetos,	
		quedaría despoblado°	uninhabited
		de gente y gusto mi pecho.	
		Acaba, ¿no traes el manto?	
5		Que estoy rabiando de celos.	
	LUCÍA	Ya voy. (*Vase.*)	
	FENISA	Camina, que Amor	
		venganza° me está pidiendo.	revenge
		Si, mi amor [daña a][17] un alma porque tiene	
10		sufrimiento en sus penas y tormentos,	
		yo, Amor, que amando a muchos, muchos[18] siento;	
		no es razón que tu audiencia me condene.	
		Razón más justa, Amor, será que pene°	suffers
		la que tiene tan corto pensamiento,	
15		que no caben en él amantes ciento	
		y amando a todos juntos se entretiene.	
		Si quien sólo uno ama, premio espera,	
		con más razón mi alma le merece,	
		pues tengo los amantes a docenas.	
20		Dámele, ciego Dios, y considera	
		si con uno solo, se padece,	
		yo padezco con tantos muchas penas.	

Sale Lucía.

25			
	LUCÍA	Lauro te quiere hablar si gustas dello.	
		¿Abriré a la puerta? Que están llamando.	
	FENISA	¡Jesús, L[u]cía![19] Pues, ¿a Lauro niegas	
		la entrada? Pues, la[20] tiene ya en mi alma.	

---

[17] Hegstrom and Larson's edition of the play contains this insertion (p. 166).

[18] The first **muchos** refers to many men, and the second **muchos** refers to the degree of torment that she feels when the men are in pain.

[19] Zayas' manuscript, **Liçia** (López-Mayhew 134).

[20] Fenisa refers to Lauro's entrance into her soul.

LUCÍA	Como estás disgustada, yo creyera
	que te faltaran gustos y desenfados
	para engañar a todos como sueles.
FENISA	¿Qué cosa es engañar? Ya yo te he dicho
5		que a todos quiero y a ninguno engaño.
LUCÍA	Pues, ¿cómo puede ser que a todos quieras?
FENISA	No más de como es. Ve y abre a Lauro,
	y no quieras saber, pues eres necia,
	de qué manera a todos los estimo,
10		a todos cuantos quiero yo me inclino.
	Los quiero, los estimo y los adoro,
	a los feos, hermosos, mozos, viejos,
	ricos y pobres, sólo por ser hombres.
	Tengo la condición del mismo cielo,
15		que cómo Él tiene asiento para todos,
	a todos doy lugar dentro en mi pecho.
LUCÍA	También en el infierno hay muchas sillas
	y las ocupan más que no en el cielo.
	Según esto, serás de amor infierno,
20		que si allá van los hombres por delitos,
	también vienen a ti estos pecadores,
	por los que ellos cometen cada día.
FENISA	Deja quimeras; llama a Lauro, necia,
	que yo soy blanco° del capaz° Cupido. target, able
25	LUCÍA	Entrad, Lauro. Ya viene. Al cielo ruego
	que no te quedes, como pienso, en blanco.[21]

Entra Lauro.

30 | LAURO | ¿Cómo tan sola, fenis[22] de hermosura? |

---

[21] A play on words in which Luçia tells Lauro that she hopes that he does not profit from his relationship with Fenisa. Someone who ends up with nothing, *se queda en blanco*.

[22] The abbreviation of Fenisa's name in Zayas' manuscript is Fenis (Hegstrom and Larson 170).

	Mas será por decir que sola eres	
	del mundo asombro y de belleza reina.	
FENISA	Basta, Lauro, lisonjas.° ¿No me quieres?	flattery
	Pues conmigo las gastas sin pedirlas.	

5 LAURO   Pluguiera a Dios, Fenisa, no quisiera
                como quiero, pues están sin remedio.

FENISA   Pues, ¿cómo sin remedio, Lauro mío?

LAURO   ¿Tuyo, Fenisa? Pues si yo tuyo fuera,
                no viniera a decirte lo que vengo.

10 FENISA   ¿Díceslo por Liseo? ¿No te he dicho
                que pides a Liseo que me deje?
                Mas di, Lauro, a qué vienes, y perdona
                que no me siento, porque estoy de paso,
                que voy a ver a Marcia.

15 LAURO   No hay conmigo

| | cumplimientos,° señora. Acá me envía | politeness |

Liseo a que te diga que te cansas
                con recados, mensajes y papeles,
                gastando el tiempo en cosas sin remedio.

20   Dice que en aquella noche que en el Prado
                contigo estuvo, apenas te apartaste
                cuando llegando a San Felipe[23] llega
                don Juan, un caballero que conoces,
                y le pidió le oyese dos palabras,

25   en las cuales le dijo que tú eras
                por cuyo amor dejó a Belisa, prima
                de la gallarda Marcia, amiga tuya,

| | que de la misma suerte salteaste° | robbed |
| | a su amor, como el suyo desta° dama. | = de esta |

30   También le dijo cómo aquesta noche
                en el Prado a tu causa perder quiso
                con Liseo la vida y aun la honra,
                mas viendo que la culpa tú la tienes,

---

[23] Larson speculates that Lauro refers here to the San Felipe el Real convent, which was near the Puerta del Sol (Hegstrom and Larson 171).

tomó como tú sabes la venganza,
y le contó lo que decir no quiero,
que bastan las colores de tu cara,
sin que yo saque más. Al fin, Liseo
5   dice que me entretengas en tus gustos,
pues son tan varios, y que dél no esperas
otra cosa jamás. Yo, que te amaba,
no te aborrezco, mas al fin te dejo;
yo voy, pues lo permiten tú y los cielos,
10   a llorar y sentir aquestos celos. (*Vase.*)

FENISA   ¡Lauro, Lauro, escucha, espera…!
          ¿Fuese?

LUCÍA   Sí, mas ¿qué pretendes°   intend
          en tantos males° hacer?   problems

15 FENISA   Dame el manto, y no me dejes,
          que ya no puedo, Lucía,
          sufrir los males presentes.
          Yo me tengo de perder.

LUCÍA   ¡Alto! Las armas previene,°   prepare
20   que yo me pondré a tu lado,
          haciendo lo que tú hicieres.
          Buena te ponen los hombres,
          pero no es mucho que penes,
          que dar gusto a tantos hombres
25   imposible me parece.

FENISA   Deja las burlas, Lucía.

LUCÍA   Ya verás, llamarlas puedes
          las que dan tanto pesar;
          y si por burlas las tienes,
30   no hay sino tener amantes
          y sufrir lo que viniere.
          Burlas, yo las doy al diablo.
          Señoras, las que entretienen,
          (*A las mujeres del público.*)
35   tomen ejemplo en Fenisa;

	hu[y]an²⁴ destos pisaverdes.°	young fools
FENISA	Acábate de cubrir,°	covering up (with the
	Lucía, pesada eres;	cloak)
	cuando reventando° estoy,	bursting
5	con gracias° te desvaneces.° (*Vase.*)	levity, vanish
LUCÍA	Camina, señora mía.	

(*A las mujeres del público.*)
Digan, señoras, ¿no miente
en decir que quiere a todos?
10   Cosa imposible parece,
mas no que quiera una mujer
que vive mintiendo siempre
pedir verdad a los hombres.
Necias serán si lo creen. (*Vase.*)

15

Salen Belisa y León.

LEÓN	¿En casa y sola?
BELISA	¿Esto te ha espantado?
20 LEÓN	¿No quieres que me espante de una dama
	moza, gallarda, y de tan nobles partes,
	día de San Miguel²⁵ y sola en casa,
	cuando aun las más bobillas toman vuelo?²⁶
BELISA	Mira, León, cuando una mujer ama
25	ni busca fiestas ni v[i]sita²⁷ plaza,
	pasea calles, ni pretende fiestas.
LEÓN	Tienes razón, cuando una mujer ama;
	mas tengo para mí que no hay ninguna,
	y si la hay es sola como fenis.
30 BELISA	Pues esa fenis²⁸ sola en mí la miras.

---

²⁴ Zayas' manuscript, **huigan** (López-Mayhew 137).
²⁵ St. Michael's day is September 29.
²⁶ **las más...** *the most foolish ones leave their houses.*
²⁷ Zayas' manuscript, **besita** (López-Mayhew 138).
²⁸ Belisa compares her uniqueness to that of the phoenix.

LEÓN	Está ya tal el mundo que es milagro
	poder en él vivir; está perdido,
	porque ya las mujeres destos tiempos
	tienen unos de gusto y otros de gasto,
5	y el marido, que coja clavellinas,
	que cría medellín y el rastro cría.[29]
BELISA	Esas tales, León, no son mujeres;
	sucias arpías[30] son, confuso infierno
	donde penan las almas destos° tristes.
10 LEÓN	Grandes son los pecados destos tiempos
	si aquesos son infiernos como dices.
	Pues, no habiendo criado Dios más que uno,
	ahora vemos en el mundo tantos.
BELISA	¿Tantos hay?
15 LEÓN	¡Infinitos!
BELISA	No te espantes,
	que como son los gastos° sin medida,°
	procuren° las mujeres quien lo gaste,
	y si con la razón lo miras todo,
20	también los hombres tienen cien mujeres
	sin querer a ninguna.
LEÓN	¿C[ie]n[31] mujeres?
	¿Y cuál es el ladrón que tal tuviera?
	¡Vive Dios, que es bastante sola una
25	a volver viejo un hombre! Y tú me dices
	que 'hay ninguno que tenga tanta carga;°
	y si engañan los hombres, aprenderán
	de los engaños que hay en las mujeres.
	Cierto amigo me dijo que había dado
30	al desdichado mundo por arbitrio,°

Glosses (right margin):
- line 9: = de estos
- lines 17: expenses, limit
- line 18: may obtain
- lines 26–27: none have it as bad as a woman
- line 30: court

---

[29] **que coja. . .** *let him pick flowers and take care of the house.*

[30] **arpías...***harpies.* A harpy was a winged monster with a female human face. Belisa describes the women about whom León speaks as monstrous and disgusting.

[31] Zayas' manuscript, **con** (López-Mayhew 138).

	que pidiese en algunos memoriales°	petitions
	a los dioses remedio° en sus desdichas°	remedy, misfortunes
	y los gastos pesados que se usan.	
BELISA	Dime aqueso, León.	
5 LEÓN	Pues, ¿no lo sabes?	
	Aguarda, y lo diré si estás atenta.	
BELISA	Dame, León, de aquesas cosas cuenta.	
LEÓN	Después que pasó	
	de la Edad Dorada,[32]	
10	la santa inocencia	
	y la verdad santa,	
	cuando las encinas°	oak trees
	la miel destilaban,°	distilled
	y daba el ganado°	cattle
15	hilos° de oro y plata,	threads
	ofrecían los prados	
	finas esmeraldas,	
	y la gente entonces	
	sin malicia estaba.	
20	En ésta de Hierro[33]	
	tan pobre y tan falta	
	de amistad, pues vive	
	la traición malvada,	
	son los males tantos,	
25	tantas las disgracias,	
	que se teme el mundo	
	de que ya se acaba.	

---

[32] Hesiod, who lived during the eighth century BC, divided time into five ages in *Works and Days*: the Golden Age, during which time Cronos ruled, was the most prosperous; Zeus ruled the Silver Age; the Bronze Age was a time of war; the Heroic Age was the time of the Trojan War; and the Iron Age was the corrupt present.

[33] In Zayas' manuscript the word appears as **Hyerro** (López-Mayhew 139), which is a play on words of *Hierro* (Iron Age) and *yerro* (error) to describe the problems that existed during this time.

En la ¹sacra audiencia,°   presence of the Holy
con su larga barba,°   Judge, beard
pidiendo justicia,
entró° una mañana;   = el amigo de León
5 el ¹sacro auditorio°   Holy Judge
oyó su demanda°   request
y le dio licencia°   permission
para relatarla.°   to make his case
Lo primero pide
10 que justicia se haga
de los lisonjeros°   flatterers
que en la corte andan,
con esto que pide
muchos° amenaza;   many flatterers
15 ¡ay, de los que sirven
perderán la gracia!
Y que a la mentira
descubran la cara
porque el nombre usurpa°   usurps
20 a la verdad santa.
Que declare el uso,
cómo y dónde halla
los diversos trajes
con que al mundo engaña,
25 a quien tras los cuellos
que bosques se llaman,
tanto en la espesura°   enormous riches
como en ser de caza,°   hunting
guedejas y rizos
30 de las bellas damas,
puños azulados,
joyas, cintas, galas.³⁴
A los hombres dicen

---

³⁴ **guedejas y rizos. . .** *the beautiful women wear blue cuffs, jewels, ribbons, and other lavish accessories.*

que vistan botargas,°   wide trousers
como en otros tiempos
los godos[35] usaban;
que a las damas manden
que por galas traigan
las 'cofias de papos°   double-chin caps
de la infanta Urraca;[36]
que en la ropería°   clothing shop
acorten° las faldas   cut
de aquestos jubones,°   close-fitting jackets
ya medio sotanas.°   cassocks
Y que de las tiendas
las busconas° salgan   prostitutes
para que no pelen°   swindle
los que en ellas andan;
que a los coches pongan
corozas° muy altas   penitents' hats
por encubridores°   covers
de bajezas° tantas.   debauchery
Pide a ciertas brujas,°   witches
que en nombre de santas
en la corte viven,
que de ella salgan,
porque sólo sirven
de vender muchachas
y 'chupar las bolsas°   steal money
con venturas° falsas.   fortunes
Pide a mil maridos
que miren su casa

---

[35] **godos…** *Goths.* The Visigoths ruled the Iberian Peninsula prior to the Muslim invasion of 711 AD. León and his friend long for the past.

[36] Princess Urraca was a princess of Castile and Leon who lived during the eleventh century AD. She was princess of Zamora, a title her father King Ferdinand I granted her when he divided his conquests in central Spain among his five children prior to his death in 1065.

para ver si hay
varas° encantadas,   wands
con que sus mujeres
oro y tela arrastran°   snag
5   dando a los botones
por honesta causa.
Pues de los poetas
mil cosas ensarta,°   string together
mas yo no me meto
10   en contarte nada;
doy al diablo gente
que al amigo mata
si toma la pluma
con no ser espada.

15 BELISA   Ya sabes, León,
que al león señalan
por rey de las fieras
que en el campo andan;
y sabrás también
20   que le da cuartana°   quartan fever
con que su fiereza°   fierceness
humilla° y abaja.°   humbles, takes down
    LEÓN   Pues, ¿no he de saberlo,
si a su semejanza
25   traigo la cabeza
siempre cuartanaria?³⁷
    BELISA   Pues, estando un día³⁸
su crueldad y rabia
al dolor rendida
30   del mal humillada,
entró a visitarle

---

³⁷ León displays his sense of humor when he informs Belisa that he
already knows about quartan fever, which occurs once in four days, because
his head is "quartaned," or divided in four parts.

³⁸ Belisa relates here her version of one of Aesop's fables.

con la vista airada°   furious
el soberbio° lobo°   arrogant, wolf
'de malas entrañas.°   angrily
Éste con la zorra
5   trae guerra trabada,°   waged
y así por vengarse
este enredo° traza:°   deception, planned
"Si tu majestad,
señor, quiere, traiga
10   la piel° de la zorra   skin
al cuerpo pegada."°   attached
Yendo a entrar la zorra,
oyó estas palabras
que fueron aviso
15   para su venganza;
aguardó que el lobo
la dejase franca
la anchurosa° cueva   wide
del león morada.°   dwelling place
20   Con el rostro humilde
entró, mas no osaba
llegarse al león,
temerosa° y cauta;°   fearful, cautious
díjole el león:
25   "¡Ay, amiga cara!°   dear
Ésa° por él me han dicho   = piel
que conmigo traiga
y tendré salud."
La zorra humillada
30   le dice: "Señor,
tu pena restaura°   return
si en este remedio
tu mal se repara,
mas mi pellejuelo°   skin
35   aunque tenga gracias,

es tan pequeñito
que aun un pie° no tapa.°   foot, cover
Si fuera el del lobo,
tiene virtud tanta
5   que sólo en tocarle
la vida se alarga."
Dejóla el león,
mas al lobo aguarda,
y en llegando cerca
10   echóle la garra,°   claw
quitósele todo,
sólo le dejara
la cabeza al triste
y las cuatro patas;
15   salió el pobre lobo
con tan grandes ansias,
que con el dolor
mil aullidos° daba.   howls
Estaba la zorra
20   contenta y ufana,°   proud
mirando el suceso
de una peña° alta,   large rock
y con voz risueña,°   cheerful
desenvuelta° y clara,   loud
25   dijo: "Caballero,
vuelva acá la cara,
el de los zapatos,
guantes y celada;°   helmet
si os veis otra vez
30   con personas altas,
contad vuestras cosas,
las demás dejaldas.°   **= dejadlas**
Sabed que 'eso medra°   that is a consequence
quien en corte habla."
35   ¿Entiendes, León?

	Pues si entiendes, calla.	
LEÓN	Muy bien te he entendido,	
	¿mas callarme mandas?	
	Tengo el arca° chica,°	belly, small
5	todo me embaraza.°	fills me up
	¡Ay, Dios, que reviento!	
	¡Si callo, me matas!	
	¡Qué imposible cosa!	
	¡Oh, qué ley pesada!	
10	No hay torno de monjas	
	con andar cual° anda,	= como
	como aquesta lengua	
	tan libre y tan larga;	
	no hubiera ignorantes,	
15	si todos callaran	
	Mas, don Juan es éste.	
BELISA	Pues si es don Juan, calla.	

Sale don Juan.

20

DON JUAN	Dulce Belisa, aquí estás.	
BELISA	Aquí estoy, amada prenda,	
	esperando a ver tus ojos.	
DON JUAN	Pues ya vengo a que me veas	
25	y me mandes como a esclavo.°	slave
BELISA	¿Quién es quien queda a la puerta?	
DON JUAN	Gerardo, señora mía.	
BELISA	Gerardo, ¿por qué no entras?	

30   *Sale* Gerardo.

GERARDO	'Por dar lugar° a don Juan	not to interrupt
BELISA	No ofenderá a tus orejas	
	oír hablar dos amantes.	
35 GERARDO	Antes oírlos me alegra.	

BELISA	Espera, ¿qué ruido éste?	

Salen Lucía *y* Fenisa.

5 LUCÍA	Camina, señora, allega,°	come here
	don Juan está con Belisa.	
	¡Famosa ocasión es ésta!	
FE[N]ISA[39]	Traidor ¿en aquesta casa	
	he de hallarte cuando dejas	
10	mi voluntad ofendida,	
	mi rostro lleno de ofensas?	
	¡Vive Dios, que he de quitarte	
	con estas manos, con éstas,	
	esa infame y falsa vida!	
15 BELISA	Paso,° Fenisa, 'está queda,°	slow down, calm down
	que tiene en corte parientes°	relatives
	que por el contrato vuelven.°	defend
FENISA	Belisa, apártate a un lado;	
	no des lugar que te pierda	
20	el respeto y que te diga	
	que fue por tu gusto hecha	
	en mi persona venganza.	
BELISA	¡Mientes, villana grosera!°	low-class
FENISA	¡Ahora verás quien soy!	
25 LEÓN	¡Igual está la pendencia,°	fight
	una a una!	
DON JUAN	¿Hay caso tal?	
	Ésta es mucha desvergüenza,	
	Fenisa	
30 LEÓN	Déjalas, calla;	
	Diremos, "Viva quien venza,"	
	si vi[ni]esen[40] a las manos.	
	Tú, Lucía, ¡estáte queda,	

[39] In Zayas' manuscript, Fenisa appears as Felisa (López-Mayhew 145).

[40] Zayas' manuscript, **vieren** (López-Mayhew 146).

o ¡vive Dios! que los ojos
allá al cogote te meta
de una puñada.[41]

LUCÍA   Está quedo.

Sale Marcia.

MARCIA   ¿Qué es esto? ¿Qué grita es ésta?
                Fenisa, pues, ¿tú en mi casa,
                loca y atrevida llegas
                y con mi prima te pones
                en iguales competencias?
                Vuelve en ti, que estás sin seso.°   mind

FENISA   Marcia, no puede mi ofensa
                dejar la venganza.

MARCIA   ¡Quita!
                ¿Qué venganza? Si tuvieras
                tu juicio, ante mis ojos
                en tu vida parecieras.
                Quita, prima, que es infamia
                que con mujer tan resuelta
                te pongas.

BELISA   ¡Déjame, prima!

LEÓN   ¡Por Dios! Que si no viniera,
                ellas con hermoso brío,°   force
                se asían° de las melenas.   pulling

FENISA   Esa es discreta razón,
                Marcia, que niegue tu lengua
                la obligación a mi amor.

MARCIA   ¿Hay desvergüenza como ésta?
                ¿Tu amistad, tu amor? No digas,
                Fenisa, aquesa blasfemia,°   blasphemy
                sino dime a qué has venido.

FENISA   A quejarme que consientas°   allow

---

[41] **que los...**_I will punch your lights out._

	que don Juan hable a tu prima	
	siendo mi esposo.	
DON JUAN	¡Que mientas°	lie
	en cosa que tanto importa,	
5 | | por Dios, Fenisa, me pesa! | |

Sale Liseo.

| LISEO | Si quien viene arrepentido | |
10 | | tiene de hablarte licencia, | |
	escúchame, bella Marcia	
GERARDO	¿Qué es esto, mi Marcia bella?	
MARCIA	Ten ánimo y no desmayes,	
	aunque más sucesos° veas.	incidents
15		Liseo, ¿pues tras Fenisa	
	te vienes a mi presencia?	
LISEO	¿Yo tras Fenisa? Señor,°	God
	si tal vengo, con aquesta	
	espada a traición me maten.	
20	FENISA	Ya que descubierto queda	
	todo el engaño, Liseo,	
	¿por qué tus ojos me niegas?	
	Vuelve a mirar a Fenisa	
LISEO	De Marcia soy; no pretendas	
25 | | estorbar mi casamiento.° | marriage |

[*Sale* Laura.]

| LAURA | Eso será cuando quiera | |
30 | | Laura la licencia darte. | |
LISEO	¡Cielos! ¿Qué visión es ésta?	
	Laura, ¿no eras religiosa?	
LAURA	No, Liseo, que fue treta°	trick
	de Marcia para engañarte	
35 | | y dar remedio a mi pena. | |

No te enfades, ni te enojes.
Yo he sido la que en las rejas°   window grates
te habló fingiendo ser Marcia,
y porque mejor lo creas,
5   ¿esta firma es tuya?
LISEO   Sí,
porque aunque negarla quiera,
es Belisa buen testigo,
pues ella me mandó hacerla.
10 MARCIA   Liseo, cosa imposible
es apartar lo que ordena°   ordains
el cielo; pues Laura es tuya,
por mí, tu mano merezca.
FENISA   Liseo, pues eres mío,
15   lo que haces considera,
cumple con mi obligación.
MARCIA   ¿Qué ha de cumplir? Calla, necia,
que sólo por ser mujer
no te echo° por la escalera.°   throw, stairs
20   ¿Dudas, Liseo? Que esto,
pues, para que ejemplo tengas,
mira como doy mi mano
a Gerardo porque sea
premiada su voluntad.
25 GERARDO   De rodillas en la tierra
la recibo, Marcia mía.
Al fin venció mi paciencia,
bien empleados trabajos.
LISEO   Laura, mi ventura es ésta.
30 LAURA   No dirás sino la mía.
LISEO   Ésta es mi mano y con ella
el alma, pues, será tuya.
FENISA   ¿Qué aquesto mis ojos vean?
Dame la mano, don Juan,
35   pues quiere el cielo que sean

	tuyas mis humildes partes.	
DON JUAN	Di a Belisa que consienta en ello.	
FENISA	Sólo tu gusto,	
5	don Juan, puede hacerte fuerza. Acaba, dame tu mano.	
BELISA	Desvíate a un lado, necia, que don Juan no ha de ser tuyo mientras el cielo me tenga	
10	viva, porque es ya mi esposo.	
DON JUAN	Yo soy, Belisa discreta, él que ganó en tal partido.	
LEÓN	Lucía, no te detengas; dame de presto esa mano,	
15	que según Fenisa queda, pienso que ha de asir° de mí,	take hold of
	y no quiero ser con ella otro signo capricornio,[42] pues soy león en fiereza.	
20 LUCÍA	Tuya soy, León amado, pero yo no tengo hacienda, y si eres bravo,° ¿qué haremos,	ferocious
	si no comemos arena?	
LEÓN	Remédialo tú, si puedes.	
25 LUCÍA	Yo tengo cierta receta para hacer° los bravos manzos.°	tame, beasts
LEÓN	Y si lo soy, ¿habrá renta?°	income
LUCÍA.	Renta, coches y criados.	
LEÓN	Pues alto, usaremos della	
30	que en la corte no se vive si no es con trazas° como éstas.	appearances
FENISA	Todos habéis sido ingratos a mi favor y finezas.°	kindness

---

[42] León is afraid to be associated with Capricorn because of the zodiac sign's horns, which are a symbol of cuckoldry (Hegstrom and Larson 195).

	¡Justicia, cielos, justicia
	sobre aquesta casa venga!
Marcia	Fenisa, tus maldiciones
	que nos alcancen no creas,
5	pues de tu mal nadie tiene
	la culpa sino tú misma.
	Las amigas desleales
	y que hacen estas tretas
	pocos son estos castigos.
10	Consuélate y ten paciencia.
Liseo	[*Al público.*] Con esto, senado ilustre,
	justo será que fin tenga
	La traición en la amistad,
	historia tan verdadera
15	que no ha un año que en la corte
	sucedió como se cuenta.
León	(*A los hombres del público.*)[43]
	Señores míos, Fenisa,
	cual° ven, sin amantes queda; = como
20	si alguno la quiere, avise
	para que su casa sepa.

FIN de *La traición en la amistad*

25	Alabado sea el santísimo sacramento y la limpia
	y pura concepción de la Virgen sin mancilla,
	concebida sin mancha de pecado original.
	Doña María de Zayas

---

[43] López-Mayhew and Hegstrom and Larson added this stage direction, which does not appear in Zayas' manuscript.

ssi nuestras maldiciones.
que nos alcancen nos veas.
pues se tu mal nos detiene
la culpa tiene tu mesma
las amigas ostentes.
y que ha tener estas tetas.
pues son tus castigos.
Consuelate y tenga paciencia
Contra tu senado y sobre
Justo sera que fin tenga
la traicion en la amistad.
Si historia tanheer y ascra
quenca. O mano quenta corte
subcedio como se quenta
Señores mios senin
que llen sin amontes quesa
Si alguns laqui es cauilll
Para que sucatta sepa

De la traicion en la amistad

quando se adeliran tissimo se fize mento y la
pura concepcion de la virgen sin man
... bida sin n... ma de pecaso origi
nal ... doma m. de cayas

Spanish-English Glossary

References in brackets are to acts.

aborrecer to hate [I]
abrasar to burn [I]
abrojo thistle [I]
aconsejar to advise [I]
acortar to cut [III]
adelgazar to diminish [III]
adobar to repair [II]
adorar to adore [I]
afición affection [II]
afilado sharpened [III]
afligirse to suffer [III]
agradecido grateful [I]
agraviado offended [II]
aguardar to wait [I]
airado furiously [I]; furious [III]
alabar to praise [II]
alabarse to acknowledge [II]
alameda poplar grove [II]
alargar to extend [II]
alas wing [I]
alba dawn [II]
alcahuete go-between [II]
alevoso treacherous [I]
algalia musk oil [I]
aliviarse to get better [I]
allegado follower [III]
allegarse to come [III]
alma soul [I]

almagre rouge [I]
altanero arrogant [III]
altivo proud [II]
alzar to get up [II]
amador lover [I]
amansar to soften [III]
amante lover [II]
amar to love [I]
amartelar to be able to charm [II]
amartelado charmed [II]
amistad friendship [I]
amoroso lovingly [I]
anchuroso wide [III]
antojo whim [III]
año year
apartarse to move away [II]
aparte aside [I,II,III]
apellidar to proclaim [I]
aposentar to make room [II]
apretar to tighten [III]
arañador scratching [II]
arbitrio court [III]
arca belly [III]
arena sand [I]
arengas arguments [II]
arpía harpy [I]

arrodillarse to kneel [II]
arrojar to throw [I]
asiento seat (room) [III]
asir to grasp [I]; to pull [III]
astinente abstinent [I]
atado bound [II]
atar to tie [II]
atemorizar to frighten [II]
atormentar to torture [I]
aumentar to increase [III]
aurora dawn [III]
averiguar to find out [II]

bajeza debauchery [III]
balcón balcony [III]
baldía idle [II]
barba beard [I]
barquilla a little boat [I]
barriga belly [I]
barruntar to be aware [II]
basca nausea [III]
belleza beauty [I]
bendito blessed [III]
bienvenido welcome [II]
bizarro elegant [II]
blanco target [III]
blando tender [II]
boquirrubio naïve [I]
borracho drunkard [II]
borrasca storm [I]; disheveled [II]
botarga wide trouser [III]
bravo fierce [I]; ferocious [III]
brazo arm [II]
brío energy [II]; determination [III]
burlarse to play a trick [I]
buscar to look for [I]
buscona prostitute [III]

caber to reside [I]
cadena chain [II]
calvo bald [II]
caminar to walk [I]
candelero candlestick [I]
cara nerve [III]; dear [III]; face [III]
caricia sweet talk [II]
carituerta cockeyed [III]
castidad chastity [I]
castigo punishment [II]
casto chaste [I]
catar to look at [II]
cauta cautious [III]
cautiverio captivity [I]
cautivo prisoner [I]
ce psst [III]
cegarse to become blind [II]
celada helmet [III]
celos jealousy [I]
celoso jealous [III]
ceño frown [III]
cerca close [III]
cerrar to close [II]
cetro scepter [III]
cielo Heaven [I]
cifrarse to personify [I]
cinta ribbon [III]
clavellina carnation [II]
coce blow [II]
cofrade brotherhood [II]
coger to pick up [II]
colchón mattress [III]
colgado adorned [III]
colgadura tapestries [III]
concojoso distressed [II]
condición emotional state [I]
confirmado confirmed [III]
consentir to allow [I]

contar to tell [II]
contraria unfavorable [III]
contrato contract [III]
corazón heart [I]
cordel rope [III]
coroza penitent hat [III]
corte court [I]
creciente crescent [III]
crespo elegant [II]
criada servant [II]
crueldad cruelty [II]
cuaresma Lent [I]
cuartana intermittent fever [III]
cubrir to cover [III]
cuero wineskin [III]
cuerpo body [III]
culpar to blame [III]
cura care [III]

dadivoso generous [II]
dama woman [II]
danzar to dance [III]
dentro inside [I]
desamparar to abandon [I]
desatino absurdity [II]
desconfiar to distrust [I]
desconsuelo grief [I]
desdecir to belittle [III]
desdén disdain [I]
desdeñoso scornful [III]
desdicha misfortune [I]
desenvoltura boldness [II]
deseo desire [III]
desleal disloyal [I]
desmayar to faint [II]
desnudo naked [III]
despensa pantry [III]
despojos spoils [I]; mortal remains

[II]; shreds [II]
destilar to distill [III]
desvanecer to vanish [III]
desvarío delirium [III]
desvelo trouble [II]
desviar to move aside [III]
detener to stop [II]
deuda debt [I]
deudo close friend [II]
discreto discreet [II]
disimular to pretend [I]
diverso diverse [III]
divertido fun [I]
docena dozen [III]
dolor pain [I]
donaire witticism [II]
dormir to sleep [I]
dudar to doubt [I]
dulce sweet [II]

ejemplo example [III]
embebecido captivated [II]
embustero deceitful [III]
encantamiento magic spell [I]
encarecer to extol [II]
encina oak tree [III]
encubridor cover [III]
endecha dirge [I]
endurecer to harden [I]
engañar to deceive [II]
engarrafador clawing [II]
engolfarse to become involved [II]
enmienda solution [II]
enojado angry [I]
enredo mischief [II]; deception [III]
ensartar to string together [I]
entendimiento intellect [II]

enternecerse to be moved
   (emotionally)
entierro burial [I]
entre between [I]
enviar to send [I]
escoger to choose [III]
escudero squire [II]
esfera realm [III]
esmeralda emerald [III]
espada sword [III]
espaldrazos blows to the back [I]
espantado frightened [I]
espantarse to become frightened [III]
espesura enormous riches [III]
esposo husband [III]
esquivo disdainful [I]
estimación esteem [I]
estimar to esteem [II]
estorbar to impede [II]
estrella star [I]
estremecer to shake [I]
eterno eternal [III]
extraño neglectful [II]

fábula fable [II]
fama fame [II]
favor affection [III]
fementido lying [III]
fénix Phoenix [II]
fiador guarantee [II]
fiar to trust [I]
fingir to feign [I]
fineza charm [I]; favor [II]; nicety [II]
firmeza faithfulness [II]
franca open [II]
fregonil maid [I]
frialdad nonsense [I]

gacha mush [II]
gala charm [I]
galán handsome [I]
galantear to court [II]
gallardía elegance [I]
gallardo charming [I]
gallega Galician girl [I]
garra claw [III]
generoso generous [II]
gozar to enjoy [I]
gracia grace [II]; —s witticisms [II]
grave solemn [II]
grosero low-class [III]
grosura scraps [I]
guante glove [III]
guedeja blue cuff [III]
guerra war [I]

hacha candle [I]
hallar to find [I]
hechicería witchcraft [II]
hechizo magic spell [I]
herencia inheritance [I]
hermosear to make beautiful [III]
hermoso beautiful [II]
history story [III]
honra honor [II]
hora hour [III]
huerta orchard [II]
humilde humble [III]
hurtar to steal [I]

importuno troublesome [III]
incubrir to cover [II]
infamia dishonor [III]
infierno hell [III]
ingrato ungrateful [II]
inocencia innocence [III]

jalbearse to whitewash [I]
jalea flattery [I]
jubón close-fitting jacket [III]
juicio judgment [III]
jurar to swear [II]

laberinto labyrinth [I]
lacayo servant [I]
lágrima tear [I]
laguna lake [III]
leal loyal [I]
lengua tongue [III]
libertad freedom [II]
licencia permission [II]
licor liquid [III]
lindo beautiful [II]
lisonja flattery [III]
lisonjero flattering [II]
llama flame [III]
llorar to cry [III]
lobo wolf [III]
loco crazy
luna moon [II]

majadero fool [I]; idiot [II]
maldición curse [I]
malicia malice [I]
malquisto detested [III]
maltratar to abuse [III]
mancebo young man [II]
mandar to order [III]
manjar food [I]
mano hand [I]
manto cloak [II]
manzo beast [III]
mañana morning [III]
marido husband [III]

mas but [I]
melindre finickiness [I]
melindroso prudish [I]
memoria story [III]
memorial petition [III]
menoscaber to take lightly [II]
mensaje message [I]
mentecato idiot [III]
mentira lie [II]
merecer to deserve [I]
merecimiento merit [I]
merendar to picnic [II]
merienda picnic [II]
mesar to pull off [II]
milagro miracle [III]
mío mine [II]
mohíno annoyed [III]
mojicón crumb [I]
molido beaten-up [III]
monja nun [III]
morir to die [I]
mormurador gossiper [I]
moro Moor [I]
mortero mortar [II]
mostrar to show [II]
mudanza change [II]; unfaithfulness [III]
muela molar [II]
mundo world [I]

nacimiento birth [II]
necio fool [I]
negar to deny [III]
niñas pupils (eyes) [I]
nobleza nobility [II]
nombrar to name [I]
nombre name [I]

obispo bishop [I]
ofender to offend [I]
oloroso foul-smelling
olvidar to forget [III]
olvido rejection [III]
oriente east [II]
oro gold [II]
osadía daring [II]
osar to dare [II]

padecer to suffer [III]
paje page [I]
papagayo parrot [I]
papo double-chin cap [III]
parentesco family relationship [I]
parido recently born [II]
pascua Christmas [II]
pasear to stroll [I]
pasión passion [II]
paz peace [I]
pecado sin [III]
pedir to ask for [I]
pelar to skin [III]
penar to suffer [III]
pendencia fight [III]
peñas large rocks [I]
pensamientos thoughts [I]
perdido lost [I]
perjuro liar [II]
persuadir to persuade [II]
pesado great [I]
piadoso merciful [III]
piedra stone [I]
pisado stepped on [III]
pisaverde fop [II]
pluguiera may it please [I]
pluma pen [III]
porfía obstinancy [I]

porfiar to insist [I}
posada lodging [I]
potencia power [II]
prado park [II]
preguntar to ask [I]
premiado rewarded [III]
prenda prize [I]; jewel [II]
presencia presence [II]
presto quickly [I]
pretender to try [II]
prevenir to prepare [II]
primavera spring [II]
primo cousin [I]
primor skill [III]
proceder behavior [II]
procurar to try [I]
puerta door [I]

quebrar to break [II]
quedarse to stay [II]
quejarse to complain [I]
querido dear [II]
quijada jawbone [II]
quimera false hope [I]; lie [II]
quitar to take away [I]

rapaz predatory [III]
recado message [III]
recoleta Recollect [II]
recrear to transform [III]
regalo gift [II]
regatear to negotiate [I]
regocijo joy [III]
reina queen [II]
reírse to laugh [III]
reja window grate [III]
relatar to relate [III]
reloj clock [III]

remediar to help [III]
remedio solution [II]
rendirse to surrender [I]
renta income [III]
reparar to consider [II]
requebrado courted [I]
requebar to flatter [II]
requiebro flattery [I]
rescate rescue [I]
respetar to respect [I]
retaguardia behind [II]
retocar to frolick [II]
revantar to burst [III]
rey king [II]
rigor severity; anger [II]
risa laughter [II]
risueño smiling [II]
rostro face [II]
ruego request [II]
ruiseñor nightingale [III]

saber to know [II]
saeta arrow [II]
sahumar to bathe [III]
salserilla small make-up kit [I]
saltear to rob [III]
salud health [III]
seguir to follow [I]
sellar to seal [II]
sello seal (of a letter) [I]
senado senate [IIII]
señal sign [III]
serafín seraphim [II]
servir to serve [II]
siempre always [II]
sirena siren [I]; monster [II]
sosegar to relax [II]
sotana cassock [III]

sufrir to suffer [I]
suerte fate [III]
surcar to plough [III]

taimado cunning [III]
tarasca dragon [II]
temerario shameless [II]
templar to hold back [I]
tenerse stop [I]
tentar to look [III]
tercero mediator [I]
tibieza indifference [I]
tiernamente tenderly [I]
tiniebla darkness [II]
tirano tyrant [III]
tormento storm [II]
tornar to do something again [II]
trabar to wage [III]
traza appearance [III]
traidor traitor [II]
treta trick [I]
triste sad [I}
tristeza sadness [I]
tuyo yours [I]

umbral doorstep [II]

vara wand [III]
vencer to win [II]
veneno poison [I]
venganza revenge [II]
vengarse to take revenge [II]
venir to come [IIII]
ventura good fortune [I]
vera truth [II]
verdadero truthful [III]
verdugo executioner [III]
vergüenza shame [II]

verter to pour out [I]
vertir to shed [II]
vestirse to dress oneself [III]
víbora viper [III]
vida life [II]
virtud virtue [I]
volante roaming [III]

voluntad will [I]

yugo yoke [II]

zorra fox [III]

Printed in the United States
1305VBV00014B/142-156/A

9 781589 770478